PROF. DR. HALUK YAVUZER, meslek yaşamına 1965 yılında başlamış, "Çocuk ve Gençlik Psikolojisi"ni uzmanlık alanı olarak seçmiştir. Öncülüğünde açılmış olan "Ana-Baba Okulları"nda, anne ve babaların eğitimi ve çocuklarıyla sağlıklı iletişim kurabilmeleri amaçlanmıştır.

1989 yılından beri 27 ilde açılan ve 20 bini aşan ana-babaya hizmet götüren bu etkinliğin yanı sıra Dr. Yavuzer, öğretmenlerin eğitimini amaçlayan "Öğretmen Sohbetleri"ni de yurt düzeyinde yayma çabasındadır.

Dr. Yavuzer, yayınlarının çoğunda, bilimsel bulguları hayata geçirerek ana-babaları çocuk eğitimi konusunda aydınlatmayı hedeflemiştir. Doktora sonrasında İngiltere'de alanıyla ilgili araştırmalar yapan Dr. Yavuzer'in, yurtiçi ve yurtdışında yayınlanmış çok sayıda bilimsel çalışması bulunmaktadır.

Dr. Yavuzer, Fakültesini temsilen iki dönem İstanbul Üniversitesi Senatosu üyeliği, altı yıl Fakülte Yönetim Kurulu üyeliği, sekiz yıl da Üniversitelerarası Kurul, Eğitim Bilimleri ve Öğretmen Yetiştirme Doçentlik Temel Alan Danışma Komisyonu üyeliği yapmıştır. İstanbul Ticaret Üniversitesi Psikoloji Bölümü'nde bölüm başkanı olarak görevini sürdürmektedir.

Dr. Yavuzer'in yayınları şunlardır: *Çocuk ve Suç, Çocuk Psikolojisi, Ana-Baba ve Çocuk, Çocuk Eğitimi El Kitabı, Children Draw and Tell, Resimleriyle Çocuk, Çocuğunuzun İlk 6 Yılı, Okul Çağı Çocuğu, Çocuğu Tanımak ve Anlamak, Gençleri Anlamak, Anne Olmak.*

Dr. Yavuzer, çocukluk, yetişkinlik ve mesleğe giriş dönemine ilişkin anılarını ise *Taş Sektirirken Anıların Suyunda* adlı kitabında topladı (2011).

yavuzerhaluk@gmail.com

PROF. DR.
Haluk Yavuzer

Çocuğunuzun İlk 6 Yılı

Remzi Kitabevi

ÇOCUĞUNUZUN İLK 6 YILI / Prof. Dr. Haluk Yavuzer

Sayfa ve kapak düzeni: Ömer Erduran
Çizimler: Ertuğrul Edirne

Bu kitaptaki çizimler için Dr. Mary Sheridan'ın
From Birth to Five Years isimli kitabından
esinlenilmiştir.

ISBN 978-975-14-0614-9

BİRİNCİ BASIM: Aralık 1997
OTUZUNCU BASIM: Ekim 2013

Kitabın bu basımı 3000 adet yapılmıştır.

Remzi Kitabevi A.Ş., Akmerkez E3-14, 34337 Etiler-İstanbul
Sertifika no: 10705
Tel (212) 282 2080 Faks (212) 282 2090
www.remzi.com.tr post@remzi.com.tr

Baskı ve cilt: Remzi Kitabevi A.Ş. basım tesisleri
100. Yıl Matbaacılar Sitesi, 196, Bağcılar-İstanbul
Sertifika no: 10648

Beni sevgiyle yoğurarak büyüten,
"örnek insan", rahmetli annemin
aziz hatırasına...

İçindekiler

BU KİTABI NASIL KULLANABİLİRSİNİZ?

Öncelikle genel gelişim eğrilerinden yararlanarak hazırlanan bu kitap, gelişimi katı çizgilerle belirleyen "mutlak doğrular" kitabı olarak değerlendirilmemelidir. Kİtapta "ortalama gelişim değerleri" esas alınmış olmasına rağmen, "bireysel gelişim eğrisi" çeşitli nedenlere bağlı olarak sapma gösterebilir. Bu nedenle eğer çocuğunuzun gelişim çizgisi bu gelişim evreleriyle örtüşmüyorsa, "her çocuğun kendine özgü bağımsız bir birey olabileceği" önkoşuluyla, kaygılanmadan çocuk hekiminize başvurun. Bu, sorun olmadığı zaman sizi bilgilendirerek rahatlatacak, sorun çıktığı takdirde erken müdahale şansını getirecektir. Şu akıldan çıkartılmamalıdır ki, diğer yönlerden gelişim normal olduğu takdirde çocuğun geç yürümesi, konuşması veya tuvalet eğitimindeki gecikme nadiren endişe yaratıcıdır.

Bu kitabı okurken, çocuğunuzun zihinsel, sosyal, dil ve beden gelişimini haftalık evreler halinde bir deftere yazmanız ve 18. aydan itibaren çocuğun yaptığı resimleri biriktirmeniz, kitabın anlamını ve yardımını artıracaktır.

Kitabın yararlı olabilmesi için, özellikle "çocuğa yardımcı olma önerilerini" anne-baba olarak birlikte dikkatle okuyarak uygulayınız.

Sağlıklı, mutlu ve uyumlu gelecek kuşakların yetiştirilmesinde kitabın tüm anne-baba ve eğitimcilere yararlı olmasını diliyorum.

Giriş

"Çocuğun ilk 6 yılı" bireyin gelişiminin temel taşlarını oluşturması, temel bilgi ve becerilerin bu erken gelişim yıllarında kazanılması nedeniyle büyük önem taşır.

Kişiliğin oluşumu yönünden de önem taşıyan ilk 72 ayda çocuk, kendisine UYARICI bir ÇEVRE sunan, SEVGİ gösteren ve SAĞLIKLI GELİŞİMİNİ sağlayan anne-babaya ihtiyaç duyar.

0-6 yaş arası, çocuk gelişiminin hızla yönlendiği kritik yıllardır. Bu erken gelişim yıllarında temeli atılan beden gelişimi, psiko-sosyal gelişim ve kişilik yapısının, ileri yaşlarda yön değiştirmekten çok aynı yönde gelişme şansı daha yüksektir. Çocuk gelişiminin kendine özgü dinamikleri olduğu, her gelişim evresinin büyük oranda daha önceki evreler tarafından belirlendiği bir gerçektir. Araştırmalar, çocukluk yıllarında kazanılan davranışların yetişkinlikte, bireyin kişilik yapısını, tavır, alışkanlık, inanç ve değer yargılarını büyük ölçüde biçimlendirdiğini ortaya koymaktadır.

Bu bilgiler ışığında anne-babaya düşen ilk görev, "çocuğu kendine özgü dünyası olan (bağımsız) bir varlık olarak kabul edebilmek"tir. Bebeklik yıllarından başlayarak bireyin desteklenmeye, önkoşulsuz kabul ve ilgi görmeye, kişiliğine saygı gösterilmesine, paylaşmayı öğrenmeye ve bilgiyi özümsemeye ihtiyacı vardır.

Bütün bunları gerçekleştirmek için anne-baba çocuğu tanımak, yeteneklerini sınamak ve geliştirmek üzere uygun faaliyetler oluşturmalıdır. Bunun için bebeğin gelişim süreci içinde günlük başarı grafiği yakından izlenmeli ve dikkatler olumlu faaliyetlerine odaklanmalıdır. Ona katılmak, onun önünde ve onunla birlikte bazı faaliyetleri yaparak örnek olmak en sağlıklı yöntemdir. Etkili ve olumlu anne-baba olmanın birinci koşulu bireyin içinde *tutumlarında,* ikinci koşulu ise *eylemlerinde* ortaya çıkar. Zihninde *açıklık* ve *netlik* yaşayan, iyi iletişim kurabilen, kurala uyulması için öfkelenmeden, tartışmadan sakin ve sabırlı bir şekilde isteklerini tekrarlayan anne-baba başarılı olur.

Ancak etkili anne-baba olmak; sevgi göstermek kadar bilgili olmayı, emek ve zaman harcamayı gerektirir. İşte bu uygulama kitabı, erken gelişim yıllarına ilişkin "çocuk gelişimi" konusunda anne-babayı bilgilendirmek ve "çocuğun gelişimine nasıl katkıda bulunabileceklerini" onlara anlatmayı amaçlamaktadır.

Tıpkı *Çocuk Eğitimi El Kitabı*'nda olduğu gibi, bu kitapta da konular kolay okunabilen yalın bir dille kaleme alınmış, resimlerle somutlaştırılmaya çalışılmıştır.

Ancak kitabın yararı büyük ölçüde "kendini değiştirmek" üzere okunmuş olmasına bağlıdır. Bilgiler ancak böyle bir olumlu yaklaşımla özümsendiği takdirde uygulamaya kolaylıkla geçilebilir.

Kitabın 2 yıl boyunca sponsorluğunu üstlenen Ülker Gıda Sanayii A.Ş.'ye, yazımı süresince müsveddeleri titizlikle okuyan asistanım Esra İşmen'e, araştırma görevlisi Asena Gürpınar'a, ısrarla beni teşvik eden ve cesaretlendiren eşim Dr. Nurgül Yavuzer'e, sayfa ve kapak düzenini özenle gerçekleştiren Ömer Erduran'a, sıcak ilgisiyle kitabın yayınlanmasında beni yüreklendiren Erol Erduran'a teşekkür ederim.

Doğum

Doğum öncesi dönem bir oluşum evresi olması nedeniyle, çocuğun yaşamı ve geleceği açısından büyük önem taşır. Buna bağlı olarak cenin bu evrede dış uyarımlardan büyük ölçüde etkilendiğinden gebelik sırasında annenin psikolojik durumunun bebek üzerinde önemli etkisi vardır. Annedeki gerginlikler, anne kanının kimyasal yapısında oluşturduğu etkiler yoluyla ceninin sinirsel-salgısal ve diğer yapılarını etkiler. Bu nedenle araştırmalar, annenin içinde bulunduğu ortamın, ceninin doğum öncesi çevresini etkilediğini göstermiştir.

Çalışmalar, gebelik sırasında kaygı ve zorlanma içinde olan annelerden doğan çocukların, 2.5 yıl sonra gözlendiğinde, toplumsal ilişkilerde çekingen olduklarını, oyunlara katılma isteği göstermediklerini, tehlikeler karşısında diğer çocuklardan daha çok kaygı gösterdiklerini ortaya koymaktadır.

Bütün bunlar gebelik sırasında annenin ruh sağlığının ne kadar önem taşıdığını göstermektedir. Doğum öncesi koşullar kadar, doğum esnasındaki koşulların da hijyen ilkelerine uygun olması ve annenin doğumu tam teşekküllü bir hastane ortamında yapması önemlidir. Çünkü doğum sırasında yaşanabilecek herhangi bir sorun, doğrudan çocuğun gelecekteki gelişimini etkileyecektir.

Annenin hamileliğini düzenli ve istikrarlı bir ortamda yaşaması için, babanın gerek gebelik sırasında gerekse doğum ve sonrasında eşine destek vermesi beklenir. Örneğin, babanın doğumda bulunması sadece anneye psikolojik destek sağlamakla kalmaz, aynı zamanda anneye doğumda yardımcı olmasına ve bebeği gördüğü andan itibaren ona bağlanıp daha çok ilgi göstermesine de olanak sağlar.

Bebek doğduktan sonra anne-babanın davranışlarında bazı değişiklikler olur. Eve gelen bu yeni canlıya alışmak, kendi hayatlarını yeniden düzene sokmak, anne baba için özveri isteyen bir iş halini alır. Eğer bebek planlanarak doğmuşsa uyum daha kolay ve zevkli olacaktır. Aksi takdirde bebek daha yaşamın ilk günlerinde beklenen "kabulü" ve "sıcaklığı" görmeyecek, buna bağlı olarak da sağlıksız bir ortamda mutsuz bir hayata merhaba diyecektir.

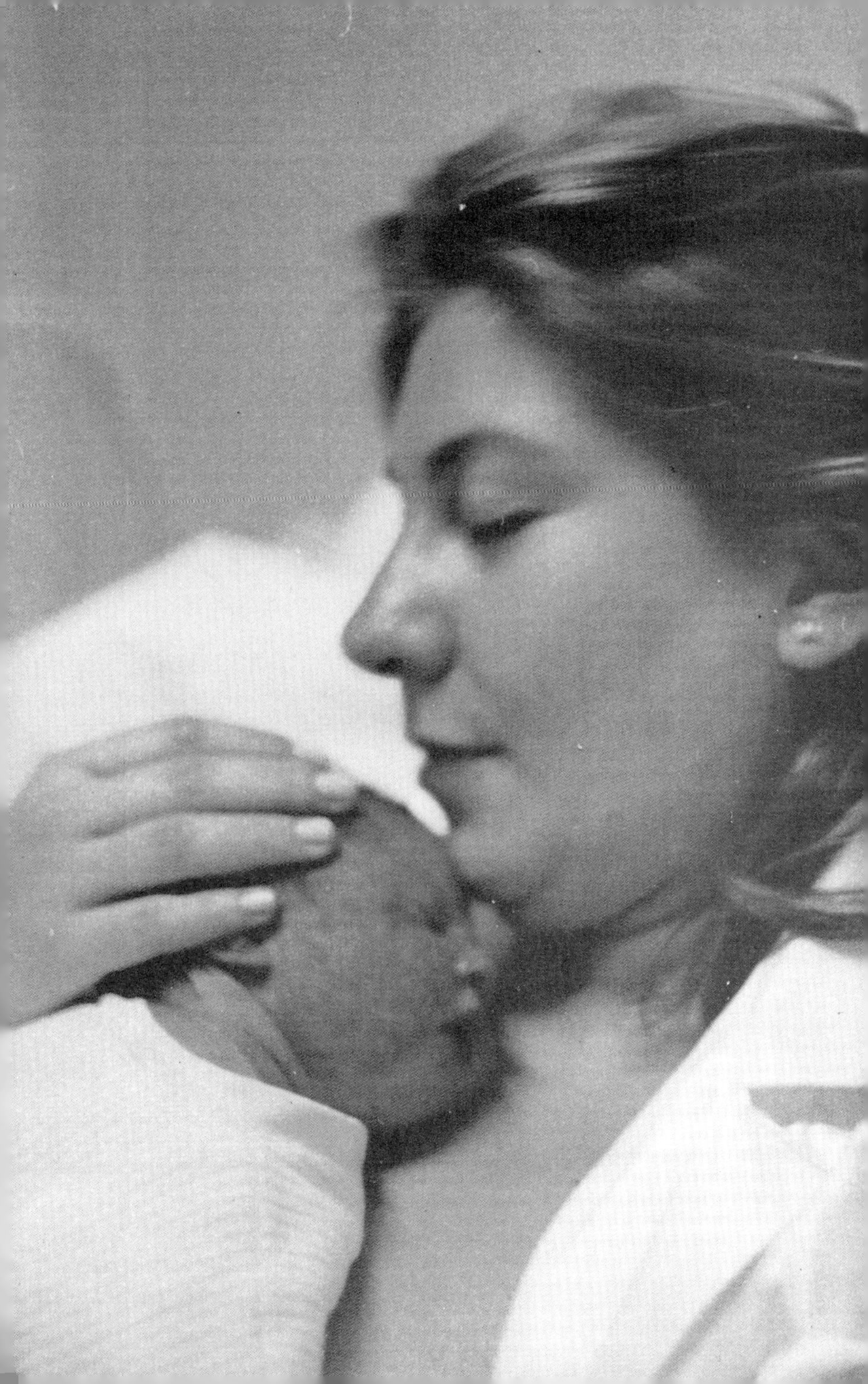

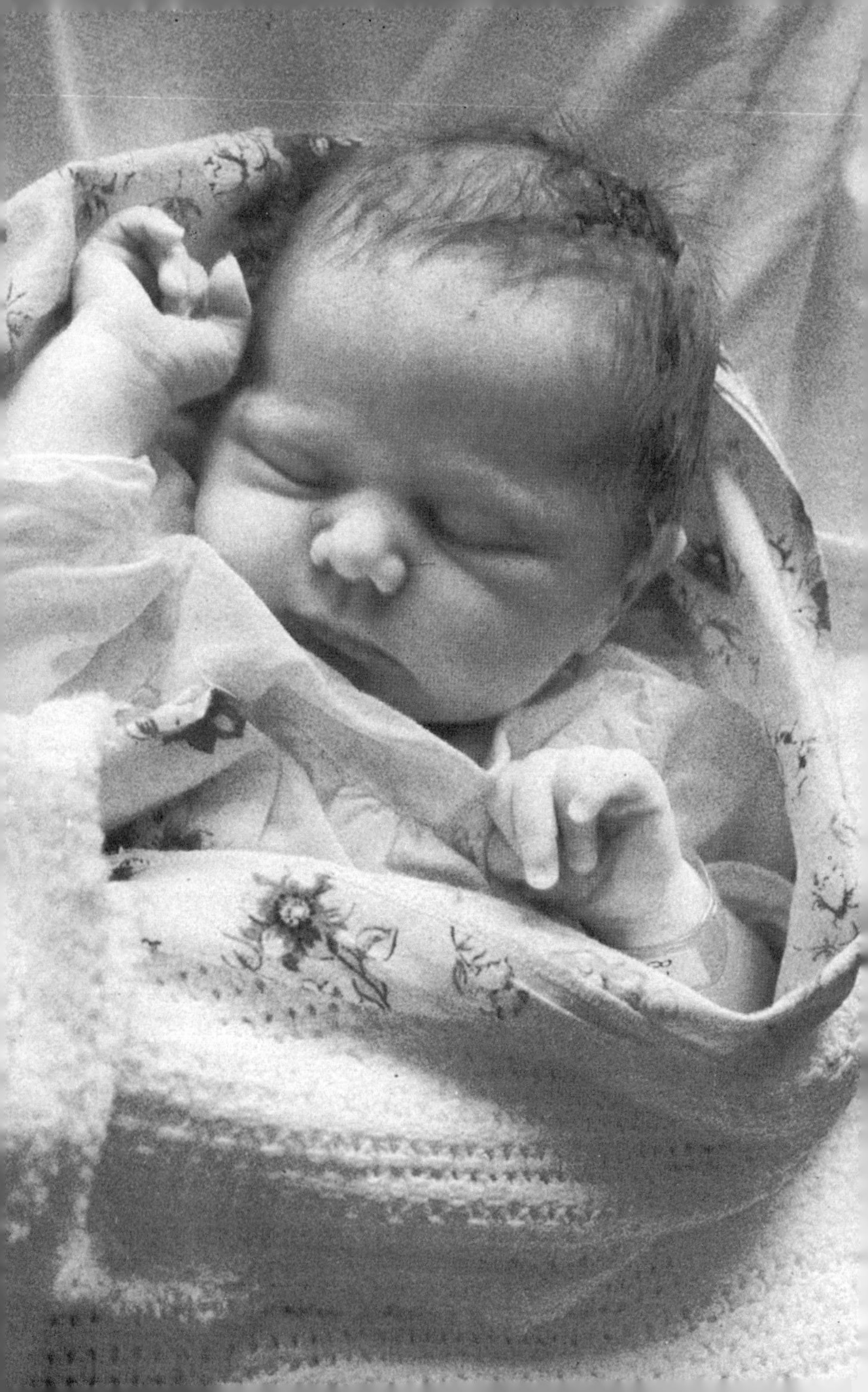

Yeni Doğan (0-1 Ay)

YENİ DOĞAN'IN GELİŞİM ÖZELLİKLERİ:

Yeni doğan bebeğin davranışları çok sınırlıdır. Bu ilk davranışlar ilkel olmalarına rağmen gelişimin temelini oluştururlar. Bebeklerin doğumdan itibaren bazı refleksler* üzerinde egzersiz yapabilme ve kendi hareketlerini düzenleme eğilimleri vardır. Onlar çevreye yanıt verme biçimlerine sahiptirler. Bu yanıtların başında da çevreye uyum gelir. Bebeklik döneminden itibaren uyum, çocuğun yaşamında keşfetme, deneme-yanılma, soru sorma, deneyimlerde bulunma gibi etkin olaylar biçiminde görülür.

Yeni doğanın tepkileri yalnızca olgunlaşma ve fiziksel gelişim durumuna bağlı değildir; aynı zamanda uyanıklık ve tokluk durumuyla da yakından ilgilidir. Bebek doğduğu andan itibaren yüksek bir öğrenme potansiyeline sahip olmakla birlikte, **yapabildikleri, öğrendiklerine oranla azdır**. O, çevresine büyük ilgi duymakta, anlamaya çalışmakta ve özellikle parlak hareketli objelere, seslere ve insan yüzlerine tepki vermektedir. **Doğumla birlikte o duymakta, görmekte, hissetmekte ve her an öğrenmektedir**. Bu nedenle onun yanında olmaya ve çevresini algılamasına yardım etmeye özen gösterilmesi gerekmektedir. Çocuk, ilkel koordinasyonlardan, zihinsel hareket ve kuralları dü-

---

* *Refleks: Doğuştan gelen, belli bir uyaran sonrasında ortaya çıkan istem dışı hareket (Örn: göz kırpmak).*

zenleyebilmek anlamına gelen işlemlere, yani daha karmaşık ve yüksek düzeydeki yapılara doğru belirgin bir çaba içindedir.

Önceleri her şeyi annesine bağımlı olan bebeğin, yaşça büyüdükçe kendi yaşamını kendisinin denetleyebilme gücünü göstermesi beklenmektedir. Bunun gerçekleşmesi için çocuğun kuşkusuz zengin-uyarıcı çevreye ihtiyacı vardır. Uygun ortamda büyüyen çocukların, yeterli uyaranların olmadığı ortamlarda büyüyen çocuklardan daha iyi bir gelişme gösterdikleri bilinen bir gerçektir.

Yeni doğan algılayabilir (görebilir, işitebilir, koklayabilir, tat alabilir, acıya duyarlıdır), nefes alabilir, çevreye bakabilir. Dokunma ve yerinin değiştirilmesi durumlarına karşı hassastır.

Bebekler büyük refleks kapasitesine sahip olarak doğarlar. Tepkilerinin çoğu refleks örüntülerden oluşmaktadır. Yeni doğan otomatik olarak uyaranlara bağlı tepkiler verir. Bazı ilkel refleksler bebeğin yaşaması için gerekli olan reflekslerdir. Nefes alma, emme, yakalama gibi. Tabanlarına dokunulduğunda bebeğin otomatik olarak ayaklarını göğsüne doğru çektiği (Babinski refleksi) veya avuç içine dokunulduğunda yine otomatik olarak parmaklarını sıktığı görülür.

Yeni doğanın en önemli tepkilerinden biri de moro reflekstir. *(Resim 2)* Bu tepki biçiminde, yeni doğan kollarını yanlara doğru atar, parmaklarını gerer, sonra el ve kollarını sanki biri kucaklıyormuşçasına ortada kavuşturur. Baş pozisyonlarının ansızın değiştirilmesi sırasında ya da kendileri için sürpriz sayılacak ani değişiklikler karşısında gösterilen bu tepki 3.-4. aydan itibaren kaybolur.

BEDEN DURUŞU VE MOTOR BECERİLERİ:

- Yeni doğan karından kavrayarak havada tutulduğunda baş öne düşer ve gövde düzeyinden daha altta kalır, kalçalar tümüyle bükülmüş, kol ve bacaklar aşağı sarkar du-

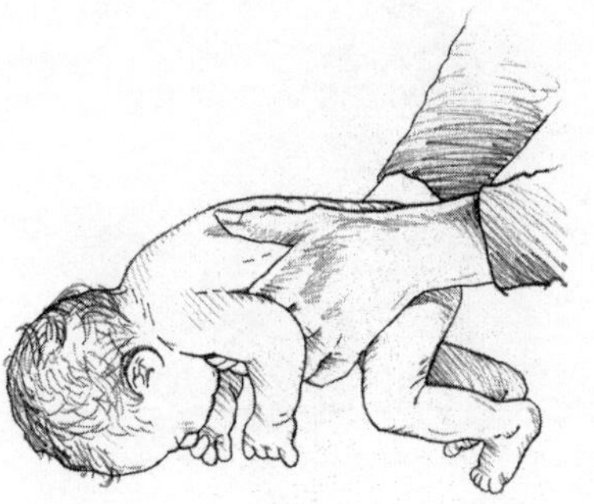

1. Karnından kavrayıp havada tutma.

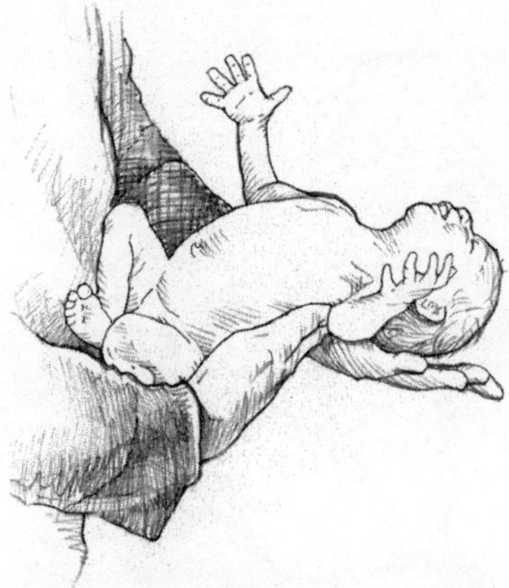

2. Moro refleks.

rumdadır. Yüzükoyun konuma getirildiğinde, bebek, yanağı masanın üstüne bakacak biçimde başını hemen yana döndürür. Dizlerin karın altına çekilmesiyle kalçalar bir çıkıntı oluşturur, adeta kamburumsu bir görünüme bürünür. Kollar bütünüyle bükülmüş olarak göğse yakın tutulur. *(Resim 1)*

- Moro refleks belirli bir uyaran karşısında hemen ortaya çıkan, simetrik bir duruştur. *(Resim 2)* de görüldüğü gibi annenin bebeğin başını desteklediği elini birden hafifçe bırakmasıyla moro refleks görülür.
- Oturur konuma çekerken başın geride kalışı belirgin biçimde göze çarpar. *(Resim 3)*
- Kolların altından kavrayıp havada dimdik tutarken, yavaş yavaş kaslarını gevşetip kendini bırakmadan önce birkaç saniye boyunca simetrik biçimde kasılıp bu duruşun korunması omuz kaslarında ve üst kollarda iyi bir kas tonusu* ve kas gücünün varlığını gösterir. *(Resim 4)*

---

* *Kas tonusu: Kas gerginliği*

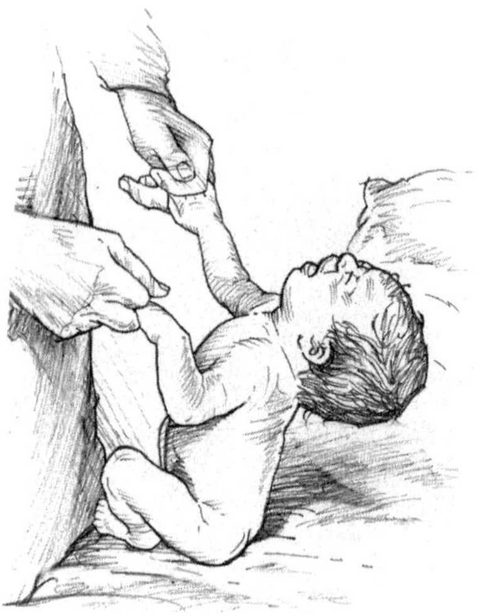

3. Oturur konuma çekme.

4. Kolların altından kavrayıp dik tutma.

- Avuçla ve elin tamamını kullanarak yakalama refleksleri görülür. Bunun yanı sıra kendini yerleştirme, emme ve yutma temel refleksler arasındadır. Yeni doğan, ayrıca tekmeleme, sıçrama, sallanma, tırmalama, sürtme, gürültü çıkarma gibi hareketlerden bazılarını yapar. Bu hareketlerin tümüyle yapılabilmesi için bebeğin 6-7 aylık olması gerekir. Ancak birkaç haftalık bebek bile parmaklarını kolaylıkla oynatabilir ve tekme atabilir.

Verilen bu bilgilerden de anlaşılacağı gibi, yeni doğanın motor becerileri sınırlılıkları nedeniyle o kadar etkileyici değildir. Başını kaldıramaz. Yatarken dönemez ve oturamaz. Birkaç hafta sonra bazılarını yapmaya başlar. Bir aya kadar çenesini yerden ve yataktan kaldırmaya başlar. İki aya kadar yakınındaki nesnelere vurarak algılamaya çalışır.

ALGISAL BECERİLERİ:

Yeni Doğan Ne Görür?

Yeni doğan görme alanı içindeki parlak cisimleri fark eder. Bununla birlikte yeni doğanın görsel algılaması zayıf olduğundan ancak kendilerine yaklaştırılan oyuncakları, nesneleri kolayca görebilirler.

2 haftalık yeni doğan eşyayı 45-90°'lik açıda ve kısa sürede izleyebilir. Yüzeydeki nesneyi görebilmek için göz hareketlerini değiştirir. Fakat bu hareketler çocuk ve yetişkinden yavaş ve farklıdır. Hedefi gördükten sonra yeni bir izleme için gözlerini başka bir yöne çevirir. Yeni doğan yavaş hareket eden bir hedefi izleyebilse bile düzgün takip 2. aydan sonra gelişir.

Doğuştan itibaren bebeğin gözbebekleri ışığa duyarlıdır, parlak bir ışık karşısında gözlerini kapatabilir. Dik tutulduğunda gözlerini açar. İlk haftadan itibaren yayılmış ışığa doğru döner.

İki gözüyle aynı ışığa bakabilir. Doğumdan itibaren 15-25 cm. uzaklıkta emzirme mesafesinde tutulan objelere doğru odaklanmaya başlar. Birkaç hafta sonra hareket eden cismi algılayabilir ve izleyebilir. Ancak görme keskinliği zayıftır. **Yaklaşık 2-4 aylık olmadan nesneleri net bir biçimde göremez.** Özellikle insan yüzüne ilgi duyar. Yaklaşık 3. haftadan itibaren, annesi beslerken veya onunla konuşurken, gittikçe artan bir dikkatle, uyanıklaşan bir yüz ifadesiyle annesinin yüzünü inceler ve seyreder. **İki ay sonra da annesinin yüzünü diğer yüzlerden ayırt edebilir**. Bunun yanı sıra asılı duran, sallanıp ses çıkaran obje veya çıngırak gibi, parlak renkli, hareket halindeki görüntülerden de hoşlanır. **4 haftalık bebek** başının üstünde asılı duran bir objeyi fark etmez, ama **obje çocuğun görme çizgisinin üzerinde hareket ettirilirse onu sınırlı bir alan içinde baş ve göz hareketleri ile izler.**

Bebekler derinlik algısına hemen sahip olmasalar bile, doğdukları andan itibaren davranışlarını yönlendiren görsel bilgidir. **İlk iki ay içinde bebeklerin görsel dikkati objelerin nerede olduğuna ilişkindir**. Dünyayı sadece emin olmak için amaçsızca gözden geçirirler. **Bu genel gözden geçirme objelerin kenarlarına gelinceye kadar devam eder**. Bebek kenarı bulduğunda aramayı bırakıp gözlerini kenarların karşısına ve çevresine doğru hareket ettirir. Bu da bebeğin kurallarını ortaya çıkarır: **Kenarı bulana kadar gözden geçir, bulunca incele. Hareket de kenar inceleme gibi bebeğin dikkatini çeker**. Ayrıca aydınlık-karanlık karşılaştırılmasına da dikkatlice bakarlar.

Bazı araştırmacılar doğumla beraber, yeni doğanın yeşil ve kırmızı rengi görebildiğini saptamıştır. Mavi rengi görebilmek daha sonra gelişir. Daha ilerideki aşamalarda bebek bu renkleri ayırabilir.

ÇOCUĞA NASIL YARDIMCI OLUNABİLİR?

- Gülümseyin. Gülümsemeniz, sevginizi, kabulü, mutluluğunuzu ve memnuniyetinizi ifade etmenin en iyi yoludur.
- Onunla göz kontağı kurun. Bu, bebeğe güven verecektir. Verdiği sinyal ve çıkardığı seslerin tümüne karşılık verin. Dudaklarınızın hareketini görmesini sağlayın. Baş ve bedeninizi sık sık onu selamlar gibi öne eğerek onayladığınızı gösterin.
- 15-25 cm. uzaklığa kadar net bir şekilde görebileceği için; yüzünüzü, renkleri, hareket halindeki parmaklarınızı bu mesafeye getirerek ona yaklaştırın.

Yeni Doğan Neyi Duyar ve Söyler?

Yeni doğanın duyma alanındaki algısal keskinliği görmesine oranla daha iyidir. Çünkü işitme daha anne karnında gelişir.

Gebeliğin 6.-7. ayından itibaren fetus* anne karnında yüksek seslere kol ve bacaklarıyla tepki verebilir.

Araştırmalar, yeni doğanın yetişkinlere yakın bir keskinlikte duyabildiğini göstermektedir. O, kolaylıkla sesleri algılayabilir. Bazı eşyaların seslerini tanıyabilir. Yeni doğan bütün bunları başını sesin geldiği yöne çevirmek suretiyle gerçekleştirir. Örneğin eğer bebek acıkmışsa annenin ayak sesini duyduğunda ağlayarak karnının doyurulması gerektiğini belirtir. Araştırmacılar bunu bilişsel gelişim olarak tanımlarlar.

Araştırmalar, bir haftalık yeni doğanın anne sesini diğer kadın seslerinden ayırabildiğini ve diğer seslere tercih ettiğini ortaya koymuştur. Fakat baba sesini diğer erkek seslerinden ayıramaz. Rahimdeyken anne sesine alışmış olması bunun nedenlerinden biri olarak düşünülebilir.

ÇOCUĞA NASIL YARDIMCI OLUNABİLİR?

- Onunla şarkı mırıldanır gibi konuşun ve ninni söyleyin. Bu onun ritim duygusunu geliştirecektir.
- Onun tüm tepkilerine karşılık vererek iki yönlü sohbete girişin. Bu, onu konuşmaya cesaretlendirecektir.
- Olumlu olmaya ve açık ifadeler kullanmaya özen gösterin. Bebekler sevgi, onay, sevecenlik ve neşe belirten seslere karşı duyarlıdırlar. Bunun yanı sıra yüksek ve alçak tondaki sesleri algılayabilirler.
- Yeni doğanın kulağının çok yakınında çıngırak ya da zil sallayın veya el çırpın. Bebeğin tepkisini; sesin geldiği yöne bakmaya çalışmasını izleyin.
- Yeni doğanın daha önceden tanıdığı oyuncağın sapını (çıngırağı) avucunun içine yerleştirin ve parmaklarıyla kavramasını sağlayın.

---

* *Doğumöncesi evrede 3. aydan doğuma kadar cenine verilen isim.*

Tat Alma ve Koku:

Yeni doğan dört basit tadı (tatlı, ekşi, acı, tuzlu) algılayabilir. 1-2 günlük yeni doğan bile tat farklılıklarını ayırt edebilir. Tatlı sıvıları, tuzlu, acı ya da belirgin bir tadı olmayan sıvılara tercih eder. Yeni doğan emerken kısa dinlenme araları verir. Bebekler, bir emzikte tatlı bir sıvı verildiğinde, su ya da daha az tatlı bir sıvı verildiği duruma oranla, dakika başına daha çok emer, daha derin emer ve daha az dinlenme arası verirler. 1-2 haftalıktan itibaren annesinin ten kokusunu diğer kokulardan ayırabilir ve annesinin tenini hissedebilir. Bu durum, anne sütü ile beslenen bebeklerde daha kolay olabilir. Çünkü annesiyle yakın temas içinde olan çocuk, kokuyu rahatça algılayabilir.

SOSYAL BECERİLERİ VE OYUN:

Yaşamın başlangıcında görülen ilk sosyal davranış, bebeklerin annelerine olan bağlılığıdır. Yeni doğmuş bebeğin anneye bağlılığı; ona yakın olması, sarılması ve anneyi devamlı bir şekilde gözlemesi ile açıkça izlenebilir. "Dokunmanın verdiği rahatlık" ihtiyacı, yaşamın başlangıcında anneye olan bağlılığı güdüleyebilir. Yeni doğanda da aynı ihtiyaç vardır. Ancak bebek büyüdükçe anneye bu şekilde bağlı kalamaz ve çevresini araştırmak amacıyla ondan kopar.

Bebeğin sosyal becerileri sınırlıdır. Fakat ihtiyacı olduğunda ağlayarak (bunu sonradan öğrenir) ilgi sağlamaya çalışır. Bir başka becerisi de dinlenmedir. Yetişkinler nasıl konuşurken veya bir insanın gözlerine bakarken bunu arada bir yapıyorlarsa, bebekler de emme işlemi sırasında biraz emerler, sonra bırakıp dinlenirler. Sonra aynı işleme devam ederler. Bu işlem tıpkı iki insanın konuşmasına benzer.

Oyun; çevreyi denetlemek ya da sırf haz duymak için yapılan bir davranıştır. Claparede'e göre yaşamın ilk yıllarında öfke, korku gibi heyecan belirtileriyle, beslenme dışındaki her

şey oyundur. Çocuk önce büyük bir gayretle uyma davranışında bulunur, sonra bu davranışlarına gülücükler eşlik eder.

DİL GELİŞİMİ:

Yeni doğan ağlarken ve sızlanırken bile, konuşma için gerekli bazı alıştırmaları yapmış olur. Kısa ve derin soluk alışlar, daha uzayan soluk verişler konuşmanın temelini oluşturmaktadır. Çocuk ağlama sırasında seslerin çıkartılması için gerekli dudak, çene ve dil hareketlerini tekrarlama olanağı bulur, ses ve solunumunu düzenleme becerisini geliştirir.

BİLİŞSEL GELİŞİM: *

Yaşamın ilk 18 ayında bebeğin öğrenmesi, algı ve hareketlerini organize hareket biçimi şeklinde düzenlemekten ibarettir. Zihinsel gelişimi ise, hareket ve algılardan oluşan zekâ biçimidir. Süreç içinde bebeğin dünya hakkındaki bilgisi şekillendikçe, birbirine bağlı zihinsel gelişim evrelerinden geçer. Doğumla birlikte yeni doğanda refleks etkinlikler görülür. Ağız bir nesneye dokununca emme refleksi gelişir. Yiyecekle ilgili emme gerçekleşmediği sürece yeni doğanın, dudağına değen her objeyle ilişki kurduğu ve örneğin, battaniye gibi doyum sağlamayan objeleri hızla öğrenerek ayırt ettiği görülmüştür. Böyle bir durumda yeni doğan, battaniyeyi iter. Annesinin göğsünü görürse ona yönelir. **2. ayın sonunda görülen bu özellik, *tanıyıcı* özelliktir.**

BEBEKLERİN GÜNLÜK YAŞAMI:

Uyku:

Yeni doğan, 16-20 saat gibi, zamanının büyük bir kısmını uykuda geçirir. Yeni doğan üzerinde çalışan araştırmacılar, uyku

---

** Biliş: insanın algılama, hatırlama ve düşünmesinde yer alan zihinsel faaliyetlerin tümü.*

ve uyanıklığın değişik hallerinden bahsederler. Bunlar gün boyu dönemler halinde birbirlerini izler. Bu dönemler çoğu bebekte şu sırayla görülür: Derin uyku, hafif uyku, açlık, uyanıklık. Bunlardan sonra bebeğe ağırlık basar ve tekrar ağır uykuya geçer. Bu olay her iki saatte bir tekrarlanır. 6. haftadan itibaren bebek bu dönemlerden iki veya üçünü uyanıklık haline gelmeden yaşar. Bu da bebeğin gece boyu uyuması anlamını taşır.

BEBEĞİN UYKU VE UYANIKLIK HALLERİ:

Bilincin Durumları	**Karakteristik Özellikleri**	**1 aylık bebeğin harcadığı zaman**
Derin uyku	Gözler kapalı, düzenli solunum, ara sıra ürkmenin dışında hareket yok.	14-18 saat
Aktif uyku	Gözler kapalı, düzensiz soluma, büyük bir vücut hareketi yok.	
Az uyanıklık	Gözler açık, büyük hareket yok, düzenli soluma.	
Aktif uyanıklık	Gözler açık, baş, eklem ve gövde hareketleri, düzensiz soluma.	6-10 saat
Ağlama ve huysuzluk	Gözler biraz kapalı olabilir. Etkin vücut hareketi, ağlama ve mızmızlanma.	

Uyku, hayatın sıkıcı bir parçası gibi görünse de, özellikle düzenli gece uykusunun çocuğun gelişimi açısından yararı büyüktür. Bu nedenle çocuğun uykusundaki düzensizliğin, bir hastalık ya da problemin göstergesi şeklinde değerlendirilmesi ve çocuk hekimine danışılması gerekir. Bununla birlikte, gelişim hızı nasıl bir bebekten diğerine değişiklik gösteriyorsa, uyku diliminin uzunluğu da bir bebekten diğerine değişebilir. Başka bir deyişle, bazı bebekler hiçbir sorunları olmamasına karşın, daha az uykuyla yetinirken, diğerleri günlerini daha uzun uyku dilimleriyle geçirebilir.

Yaşamın ilk haftasında rastlanan ve uyku sırasında bebeklerde görülen kendiliğinden gülme, sinir sisteminin kendiliğinden boşalma işlevi olarak ortaya çıkmaktadır.

ÇOCUĞA NASIL YARDIMCI OLUNABİLİR?

- Çocuğa rahat bir uyku mekânı hazırlayın.
- Uykuyu engelleyen bir sıkıntısı varsa ortadan kaldırmaya çalışın.
- Gece uykusuzluklarını anne ve baba olarak dönüşümlü şekilde karşılamaya çalışın. Aksi halde tüm geceyi uyanık geçiren ebeveynin ertesi günkü verimi düşecektir.
- Kucaklamak suretiyle sık sık fiziksel temas kurmaya özen gösterin. Kuracağınız tensel temas, bebeğinize güven verecektir.
- Yeni doğanı kendi yatağında uyutmaya, anne-babanın yatağına almamaya özen gösterin. Bazı anne ve baba, hasta olduğu zaman çocuğu düşünerek, bazıları da bebeğe dokunarak uyumayı tercih ettiğinden birlikte uyumayı yeğler. Böylelikle de yıllar boyu sürebilen sağlıksız bir uyku alışkanlığı oluşur.
- Ayakta, beşikte, salıncakta sallamak gibi ilkel bir yöntem kullanarak uyutmaya çalışmaktan kaçının.

Ağlama:

Bebeğin acı, kızgınlık ve açlık belirtmek için çok değişik ve çeşitli ağlama repertuarı vardır.

Genelde açlığı belirten, esas ağlama bir ritme sahiptir: ağlama, sessizlik, nefes, ağlama, sessizlik, nefes.

Kızgınlık belirten ağlama daha yüksek ve keskindir. Mırıltı ve iniltilerle başlayan normal ağlamanın tersine acı duyduğunu belirten ağlama daha ani ve canhıraş bir şekilde başlar. Aslında bu genel çizgilerin dışında tüm bebekler tam olarak aynı şekilde ağlamazlar. Anne-baba da bu farkları öğrenmek zorundadır.

İki haftalıkken başlayıp, 3.-4. haftada kaybolan bir ağlama türünde yeni doğan, günde üç saat veya daha fazla süren şiddetli ağlama nöbetleri yaşar. Fiziksel bir soruna bağlı olan ağlama, normal bebek ağlamasından farklıdır. Bebek, sorununa ilişkin sinyal verir.

Bir iletişim biçimi olan ağlamanın en önemli işlevi, bebeğin bir üzüntü ve sıkıntı içinde olduğunu yansıtmasına fırsat vermesidir. Yeni doğan bu yolla mesajını yetişkine kolayca iletmiş olur. Mesajı alıp kodu doğru çözen ve algılayan yetişkin, ağlamaya çok çabuk karşılık verip bebeğini kucağına alır, doyurur ya da altını temizler. Burada şu soru akla gelebilir. Ağlamaya

çok çabuk karşılık vermek ağlamayı teşvik mi eder yoksa azalmasını mı sağlar? Bu konuda yapılan araştırma sonuçlarına göre; hemen müdahale edilen bebeklerin geç müdahale edilenlere kıyasla ağlamalarında azalma olduğu belirlenmiştir. Ancak yavaş ve yumuşak ağlayan bir bebeğe (örneğin dinlenmek üzere yatırılmış bir bebek) derhal müdahalenin ağlamayı artırdığı görülmüştür.

Özellikle 1.5-2 yaş ve üstündeki çocuklarda hemen müdahale, ağlamanın artmasına ve bir alışkanlık haline dönüşmesine neden olmaktadır. Bu yaş grubunda, çocuğun tüm ihtiyaçlarının karşılandığını düşünen ebeveyn, kısa süreli ağlamalarda da hemen müdahale yolunu seçtiği takdirde ağlamanın kalıcı olmasına ortam hazırlamış olur.

Bütün bunlar, müdahalede yaşın ve ağlama biçiminin ne denli önemli olduğunu göstermektedir.

ÇOCUĞA NASIL YARDIMCI OLUNABİLİR?

- Ağlayan çocuk sizinle iletişim kurmaktadır. Onun ağlama yoluyla gönderdiği mesajı anlamaya ve bu mesaj doğrultusunda ihtiyacını (özellikle yeni doğan döneminde) hemen karşılamaya çalışın.
- Bu amaçla ağlamayı gelişigüzel değil ***anlamak*** ve ***kodu çözmek*** üzere dinleyin. İhtiyacın çözümü doğrultusunda gerekli önlemleri alın. Gerektiğinde çocuk hekimine, devamı halinde çocuk psikoloğuna başvurun.

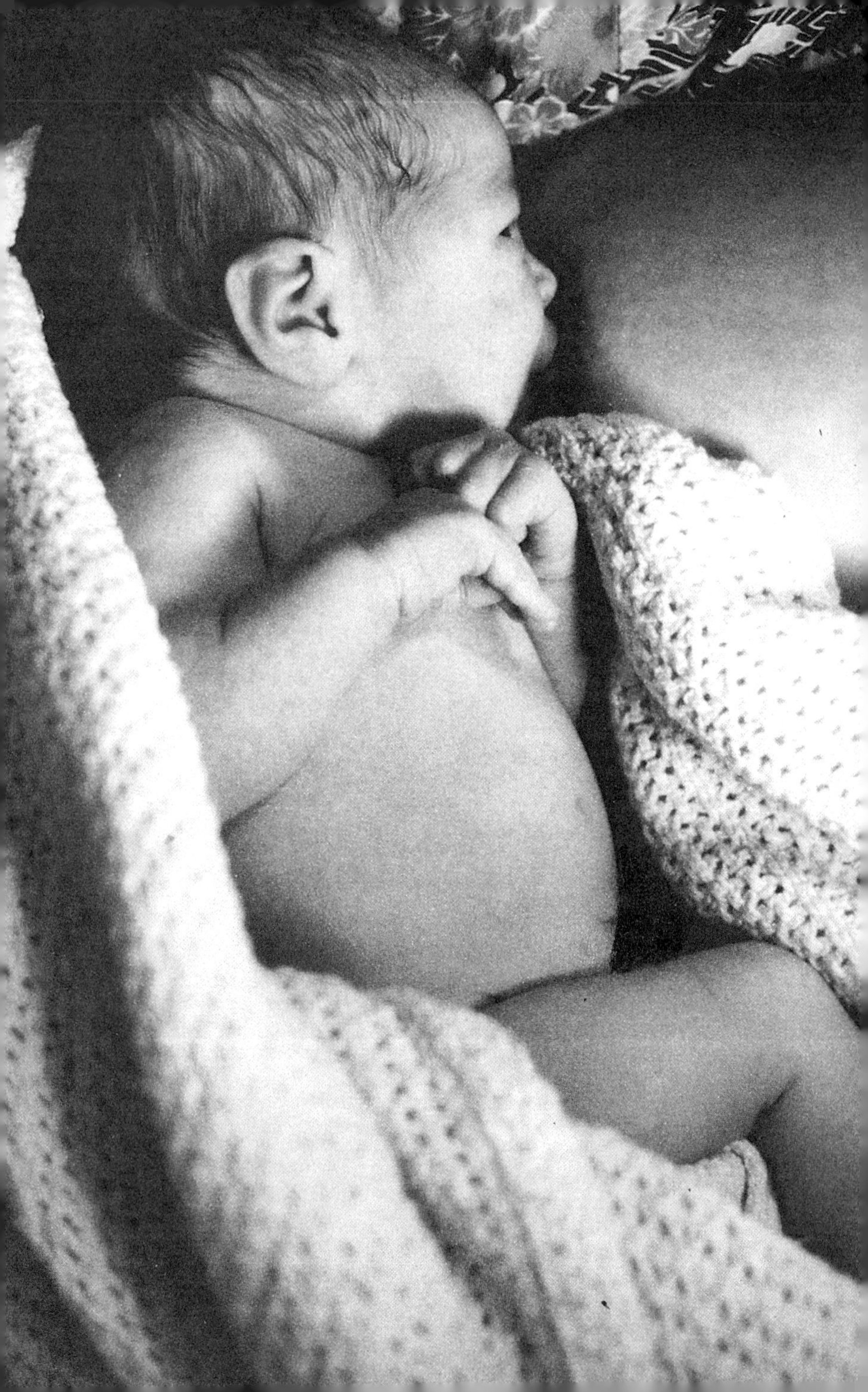

1. Ay

1 AYLIK BEBEĞİN GELİŞİM ÖZELLİKLERİ:

Bebek kendisine haz ve acı veren uyaranlar karşısında genellikle bütün bedeni ile tepki gösterir. Örneğin doyurulunca uyuması, aç kalınca ya da ağrılı bir uyaranla karşılaşınca tüm organizmasının tepki göstermesi gibi. Gelişimin ilk aylarında bebek ağız yoluyla doyum sağlar. Parmak ya da yalancı emzik emerek rahatlayıp uykuya geçebilir.

Bebek için en rahatlatıcı, doyurucu nesne olan meme, giderek anne ile eş anlam kazanır. Başlangıçta meme yoluyla tanıdığı anneyle, görme, koklama, işitme gibi diğer algı organları ile aldığı uyaranlar bütünleşir ve anne-çocuk ilişkisi oluşur. **Anne-çocuk arasındaki ilişki çocuğun hem çevresini, hem de kendi benliğini algılamasında ve değerlendirmesinde en önemli etkendir.** İhtiyaçlarının uygun bir biçimde karşılanmasıyla çocuk, kendi benliğini değerli bir varlık olarak algılar. Çevresini de değer veren, bakan, güvenilir bir çevre olarak değerlendirir. **Bu dönemde bebek, kendisini annesinin bedeninin bir uzantısı olarak algılar. Bebeğin kendisini ayrı bir varlık olarak görmesi 6. ay dolaylarında gerçekleşir.**

BEDEN DURUŞU VE MOTOR BECERİLERİ:

- Sırtüstü yatar durumdayken, bebek başını yana çevirir; yüzün dönük olduğu yandaki kol ve bacak uzatılmıştır

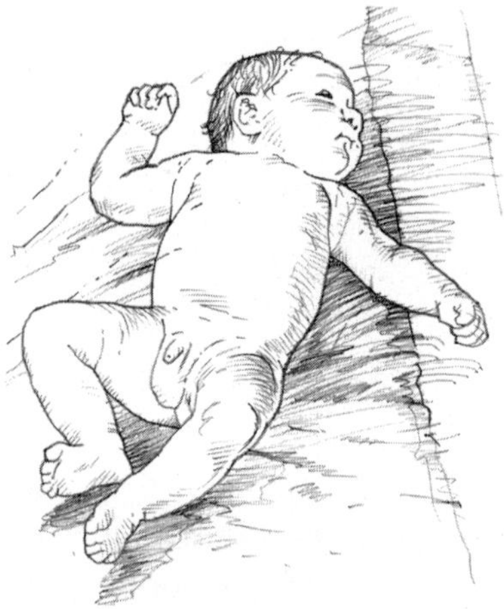

5. Sırtüstü yatar konumu.

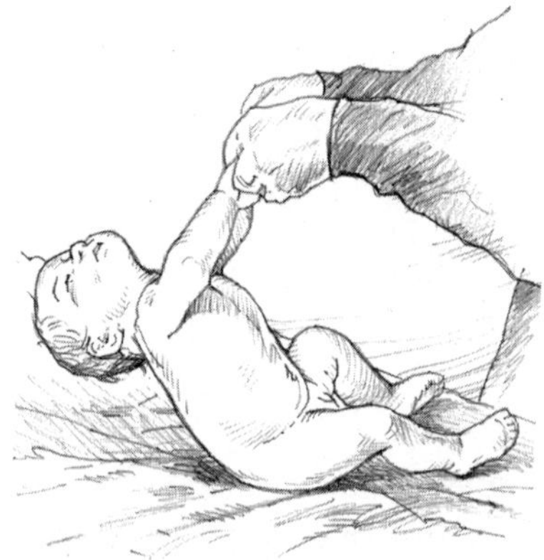

6. Oturur konuma çekme.

veya her iki kol da bükülüdür; dizler ayrıktır. Ayak tabanları birbirine dönük durur. *(Resim 5)*

- Kol ve bacaklarda ani hareketler ve duruş değişiklikleri görülür. Kollar bacaklardan daha etkindir.
- Hareketsiz durumda ya da uyku sırasında eller kapalı, parmaklar içe kıvrılmıştır.

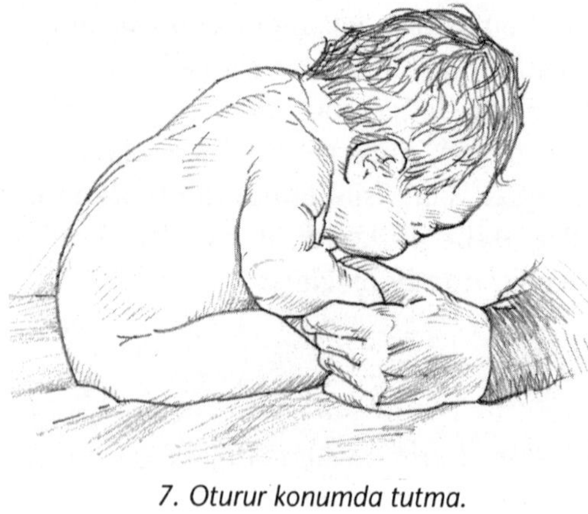

7. Oturur konumda tutma.

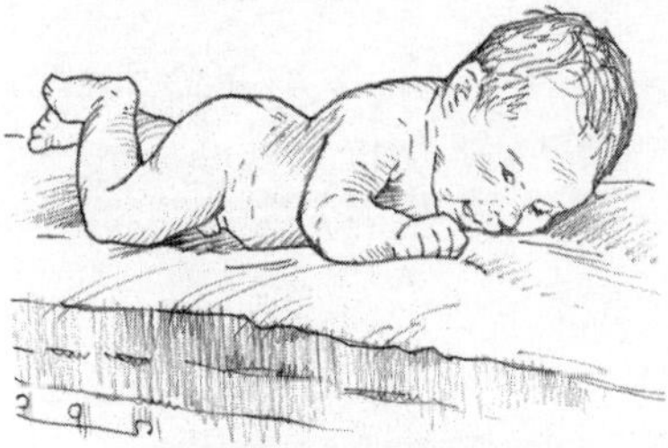

8. *Yüzükoyun konumu.*

9. *Otomatik yürüme.*

- Kol ve bacakların uzatılmasıyla gerçekleştirilen hareketlerde, el ve ayak parmakları yelpaze gibi açılarak aralanır.
- Yanağa veya ağız kenarına dokunulduğunda, başını aynı yana çevirip parmağını emmeye çalışır.
- Kulak hafifçe ovalandığında, başını diğer yöne çevirir.
- Beşikten kaldırılınca, baş desteklenmezse gevşek kalır ve düşer.
- Oturur konuma getirildiğinde, gövde dikleşene kadar baş geride kalır ve öne düşmeden önce bir an için dik tutulur. *(Resim 6)*
- Oturur konumda tutulursa sırt tam bir eğri oluşturur. *(Resim 7)*
- Yüzükoyun konumda, baş hemen yana çevrilir; kol ve bacaklar bükülüdür, dirsekler gövdeden ayrık durur, kalçalar biraz yukarı kaldırılmıştır. *(Resim 8)*
- Sert bir zeminde ayakta durdurulduğunda, ayaklarını yere basar, gövdeyi dikleştirir ve genellikle ileri doğru otomatik bir yürüme hareketi yapar. *(Resim 9)*

10. *Engeli aşma.*

11. *Karından kavrayıp havada tutma.*

- Ayağın üstünün masa kenarına değdirilmesiyle engeli aşma hareketi oluşur. *(Resim 10)*
- Karından kavrayarak havada tutulduğunda, baş gövdeye eş düzeyde tutulur. Kalçalar tümüyle değil, yarı gerilmiştir. *(Resim 11)*

ALGISAL BECERİLERİ:

1 Aylık Bebek Ne Görür?

- Gözbebekleri ışığa duyarlıdır.
- Başını ve gözlerini ışık kaynağına doğru çevirir. 180°'lik açıda eşyayı izleyebilir.
- Pencerede yayılmış bir parlaklığa ya da açık renkli boş bir duvara daha uzun süre bakar. *(Resim 12)*
- 30 cm. uzaklıktan küçük bir cep fenerini gözleriyle kısa bir süre takip edebilir.

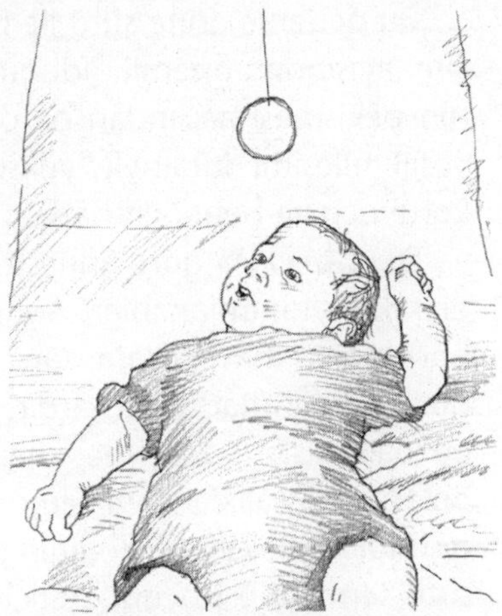

12. Yayılmış ışığa doğru döner.

13. Gözler, hareket eden topu izler.

- Görüş alanı içinde yüze 15-25 cm. uzaklıkta küçük bir top hafifçe sallandırıldığı zaman, bakışlarını topa yöneltip yoğunlaştırabilir. *(Resim 13)*
- Görsel uyarıcılar arasında en çok insan yüzüne, yüz içinde de göze bakar. Bu nedenle annenin bebekle sağlayacağı göz teması, aralarındaki sosyal bağın gelişmesinde önemli rol oynar. *(Resim 14)*

14. Beslenirken annenin yüzüne dikkatle bakar, ilgi gösterir.

2 aylık bebek bakışlarını odaklamayı öğrenir. Meme emen çocukta bunu izlemek mümkündür. Bebek annesi ile bakış ilişkisini en erken ve en iyi, meme emerken kurar.

Bu nedenle anne sütü ile beslenme, çocuğun bedensel gelişimi açısından önemli olduğu gibi, anne-çocuk arasındaki ilişkinin pekişmesi açısından da büyük önem taşır. Anne sütü kimyasal bileşimi itibariyle yüksek düzeyde besleyici, hastalıktan koruyucu ve bebeği rahatlatıcı özelliklere sahiptir.

Dr. Gökçay'a göre anne sütü "canlı sıvı" ya da "beyaz kan" olarak da tanımlanabilir. Anne sütünde çeşitli besin maddeleri, hormonlar, hastalıklara karşı koruyucu ve bağışıklık sistemini güçlendirici maddeler vardır. Anne sütüyle beslenen bebeklerde başta ishal, zatürree, menenjit, kulak iltihabı olmak üzere bulaşıcı hastalıklar, ani ölüm sendromu gibi sorunlar daha az görülür. Enfeksiyon dediğimiz bulaşıcı hastalıklara karşı anne sütü, emzirme boyunca etkilidir, emzirme sonlanınca bu etki azalır. İlk 6 ayda anne sütü yanında herhangi bir ek besin vermek bulaşıcı hastalıklara yakalanma riskini artırır. Araştırmalar; bir bebeğin sadece anne sütü alması halinde daha az hastalandığını, hastalansa bile çabuk iyileştiğini ortaya koymaktadır.

Bütün bunların dışında, anne sütünde beyin gelişimini hızlandıran özel maddeler bulunmaktadır. Bu maddelerin, doğum ağırlığı düşük ve/veya erken doğan bebeklerde daha belirgin olmak üzere zekâ düzeyini artırıcı etkisi vardır. Yine emzirmenin analjezik, yani ağrı kesici etkisi de bulunmaktadır. Süt yapımında ise esas formül, annenin doğru teknikle ve sık aralıklarla emzirmesi, memelerini boşaltması, istirahat etmesi ve bir de kendine güvenmesidir. (Gökçay, 2007)

Bebek Neyi Duyar ve Söyler?

- Beklenmedik yüksek sesler karşısında şaşırıp ürker. Kasılıp, kıpırdamadan durur, titrer, gözlerini kırpıştırır, kısar, kol ve bacaklarını uzatır, el ve ayak parmaklarını yelpaze gibi aralar ve ağlayabilir.
- 5 saniye aralıkla 3-5 saniye boyunca kulağa 7-15 cm. yakınlıkta küçük bir zil hafifçe çalınırsa, bir an için donup kalır; göz-

lerini ve başını ses kaynağına çevirebilir. Ağlayıp sızlanmaya son verir ve yakınındaki birinin yatıştırıcı sesine doğru döner, ama bağırdığı ya da beslendiği zaman bunu yapmaz.

- Acıktığında ya da huzursuz olduğunda, rahat edemediğinde olanca gücüyle ağlar.
- Rahat ve mutlu olduğu durumlarda gırtlaktan gelen hafif sesler çıkarır. 5-6 haftalıktan sonra annenin konuşmasına cıvıldayarak karşılık verir.

SOSYAL BECERİLERİ VE OYUN:

- Beslenmediğinde veya ilgilenilmediğinde çoğunlukla uyur.
- Yüz ifadesi hâlâ belirsiz, anlaşılmaz olmakla birlikte, giderek daha çok anlam taşımaya başlar; **5-6 haftalığa doğru, sosyal gülümsemenin ve tepki biçimindeki sesli ifadelerin geliştiği görülür.**
- Yakınında konuşan kişinin yüzüne dikkatle bakabilmek için ona doğru döner. *(Resim 15)*

15. Dinlemek amacıyla, ağlayıp sızlanmayı bırakıp, başını çevirir.

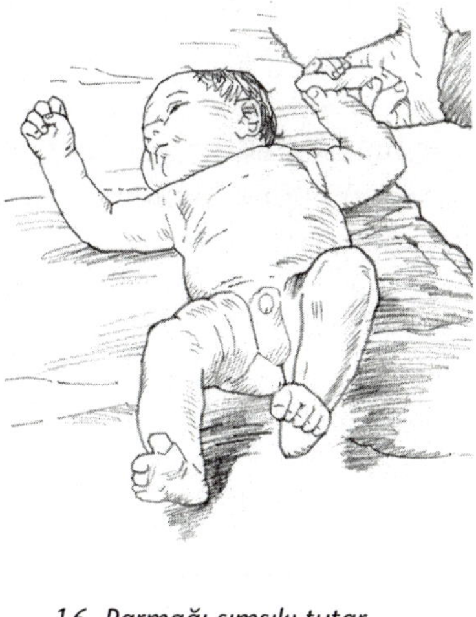

16. Parmağı sımsıkı tutar.

- Kucağa alındığında ve kendisiyle konuşulduğunda ağlamayı keser.
- Eller genelde kapalı durur; ama açılırsa, avuç içine dokunulduğunda parmağı sıkıca kavrar. *(Resim 16)*
- Bebek kucakta taşınırken ve yıkanıp giydirilirken, anne bebeğin başını destekler.
- Her günkü yıkanma ve giyinme alışkanlıklarını pasifçe kabulleniş, yavaş yavaş yerini yeni yeni gelişen bilinçliliğe ve tepki vermeye bırakır.

BEBEĞİN ANNE-BABASINA OLAN BAĞLILIĞININ GELİŞİMİ:

İlk 2 ay süresince, bebek görüş alanındaki veya kendisini kucağına alan herkese karşı, ayrım yapmadan, benzer tepkiler geliştirir. Seslere duyarlıdır; yüzlere dikkat eder, ilgi gösterir. Kendisine bakan kimse tarafından kucağa alındığında daha rahat olma ve onun sesini duyduğunda daha farklı biçimde gülümseme gibi tepkilerle o kişiyi tanıdığını gösterir.

Bebek, 2-7. aylar arasında **ayrım gözetmeyen bağlılıklar** geliştirir. Bu evrede bebek, kendisiyle ilgilenen herkesle birlikte olmaktan, ayrım yapmadan belirgin bir biçimde zevk alır. Kucaktan indirildiğinde mızmızlanır. Yabancılara oranla, tanıdık yüzlere daha çok gülümser.

Bebek, 7-9 aylar arasında **özel bağlılık** geliştirir. Bu evrede bebek, özel bir bağlılık geliştirdiği, tek bir kişiye bağlanır. Alışkın olduğu kişiden (genellikle anneden) ayrı kaldığında bu duruma karşı çıkar. Bebeğin annesinden ayrılırken gösterdiği bu tepki, tek bir kişiye olan kuvvetli bağın bir kanıtıdır ve bu tepkiye "**Ayrılık Endişesi**" adı verilir. Birkaç ay sonra görülecek olan, bebeğin yabancılardan korkma davranışı ise, yine bu bağı kanıtlayıcı bir tepkidir.

Bebek, 9. aydan itibaren birden çok kişiyle kurulan bağlılıklar geliştirir. Bu bağlılık, **nesnenin sürekliliği** kavramının gelişmesine ilişkin bir davranış olarak görülebilir. Çocuklar, ancak kendilerine bakan kimsenin ya da ebeveynin sürekliliğini kavradığı zaman onların yokluklarına bir anlam verebilirler.

En kuvvetli bağın kurulmasından kısa bir süre sonra, bebek, çevresindeki tanıdık insanlara da bağlılık geliştirir. Böylelikle duygusal bağlarında bir yayılma gösterir.

DİL GELİŞİMİ:

İlk 2 haftada ağlama düzensiz aralıklarla görülür ve çoğu kez uyku gereksiniminden kaynaklanır. Yeni doğan çocuklarda 2. haftanın sonuna kadar devam eden ağlama, 3. haftadan itibaren daha az görülür. 3. ve 4. aydan sonra gece uyanıp ağlamalar azalır.

BİLİŞSEL GELİŞİM:

1. ayın sonuna doğru bebek elini ağzına götürür ve başparmağını emer. Ağız tepkileri el tepkileriyle kaynaşmıştır. Bu bir kez tesadüfen oluşunca çocuk bunu yeniden yapmaya başlar. Başka bir deyişle, bebeğin rastlantı sonucu başardığı bir davranışı 1.-4. aylar arasında sürekli olarak tekrarladığı görülür. Bu yinelenen hareketlere "**Döner Tepki**" adı verilir. Böylelikle alışkanlık, önceden var olan hareket biçimlerine yeni eleman aşılamakla oluşur. Bu özellikler 4. aya kadar devam eder.

ÇOCUĞA NASIL YARDIMCI OLUNABİLİR?

- Ritim duygusunu geliştirmek için şarkı mırıldanır gibi konuşun ve ninniler söyleyin.
- Bol bol gülümseyin.
- Fiziksel yakınlık gösterin. Sıkıca kucaklayın; yavaşça sallayın.
- Göz kontağı bebeğin: ilgi, sevgi, sevecenliği anlaması için en iyi yoldur. Bu nedenle bebeğinize doğru dönün, yüzüne bakın ve onunla göz kontağı kurun.
- Onun ağlamasındaki anlamları ayırt edin. Ağlama nedenini bulup ihtiyacını gidermeye çalışın.
- Bebeğin yakalama refleksi azalmıştır, ancak elleri hâlâ kapalıdır. Ellerini rahat açması için ona destek olun, ellerini açabileceğiniz oyunlar oynayın. Parmaklarını açıp ayrı ayrı hareket ettirin.
- Bebeğin başını oynatabilmesini desteklemek için; parmaklarınızı, oyuncak ya da benzer objeleri, onun görüş alanı içinde oynatın.
- Ona bakabileceği bir şey verin. Yüzükoyun yattığında, gözleri ve başıyla hareketlerinizi takip edebilmesi için görüş alanı içinde parmaklarınızı veya renkli objeleri aşağı yukarı oynatın.

1. AYDA BEBEĞİNİZ NELER YAPABİLİR?

Bu ayın sona ermesiyle birlikte, bebeğiniz aşağıdakileri yapabilecek durumda olmalıdır:

- Düz bir yüzeyde yüzükoyun yatarken başını kısa bir süre için (1-2 saniye) kaldırabilme.
- Yüze odaklanma.
- Çenesini yerden kaldırma.

Not: Bebeğiniz gelişimin kilometre taşı sayılan bu dönüm noktalarından bir ya da daha fazlasına ulaşmamışsa, çocuk doktorunuza danışmalısınız. Gecikme nadiren bir probleme işaret edebilirse de, birçok durumda bebeğiniz için bu normal olabilir. Genellikle erken doğmuş bebekler, dönüm noktalarına, yaşıtlarından daha geç ulaşırlar. Bu yeterlilikleri çoğunlukla, beklenen yaşlarında (normal doğum gerçekleşseydi, olmaları gereken yaşta) veya daha sonra elde ederler.

Bu ayın sona ermesiyle birlikte bebeğiniz büyük bir olasılıkla aşağıdakileri yapabilecektir:

- Zil sesine; şaşırma, ağlama ya da sessiz kalma gibi çeşitli şekillerde tepkide bulunmak.
- Başının üzerinde, tam karşısında, yüzünden 15 cm. uzaklıkta ve hareket halindeki objeyi gözleriyle takip etmek.

Bu ayın sona ermesiyle birlikte, bebeğiniz aşağıdakileri belki yapabilecektir:

- Karın üstü pozisyonda iken, başını 45°'lik açı oluşturacak şekilde kaldırmak.
- Ağlama dışında bazı yollarla sesler çıkarmak ('cıvıldama' gibi).

- Yüzünüzdeki gülümsemeye, gülümseme ile karşılık vermek.

Bu ayın sona ermesiyle birlikte, bebeğiniz aşağıdakileri bile yapabilecek durumda olabilir:

- Karın üstü pozisyonda iken, başını 45°'lik açı oluşturacak şekilde kaldırmak.
- Başını kaldırdığında, dik ve sabit olarak tutabilmek.
- Ellerini bir araya getirebilmek.
- Kendiliğinden gülümsemek.
- Yüksek sesle gülmek.
- Zevkle çığlıklar atmak.

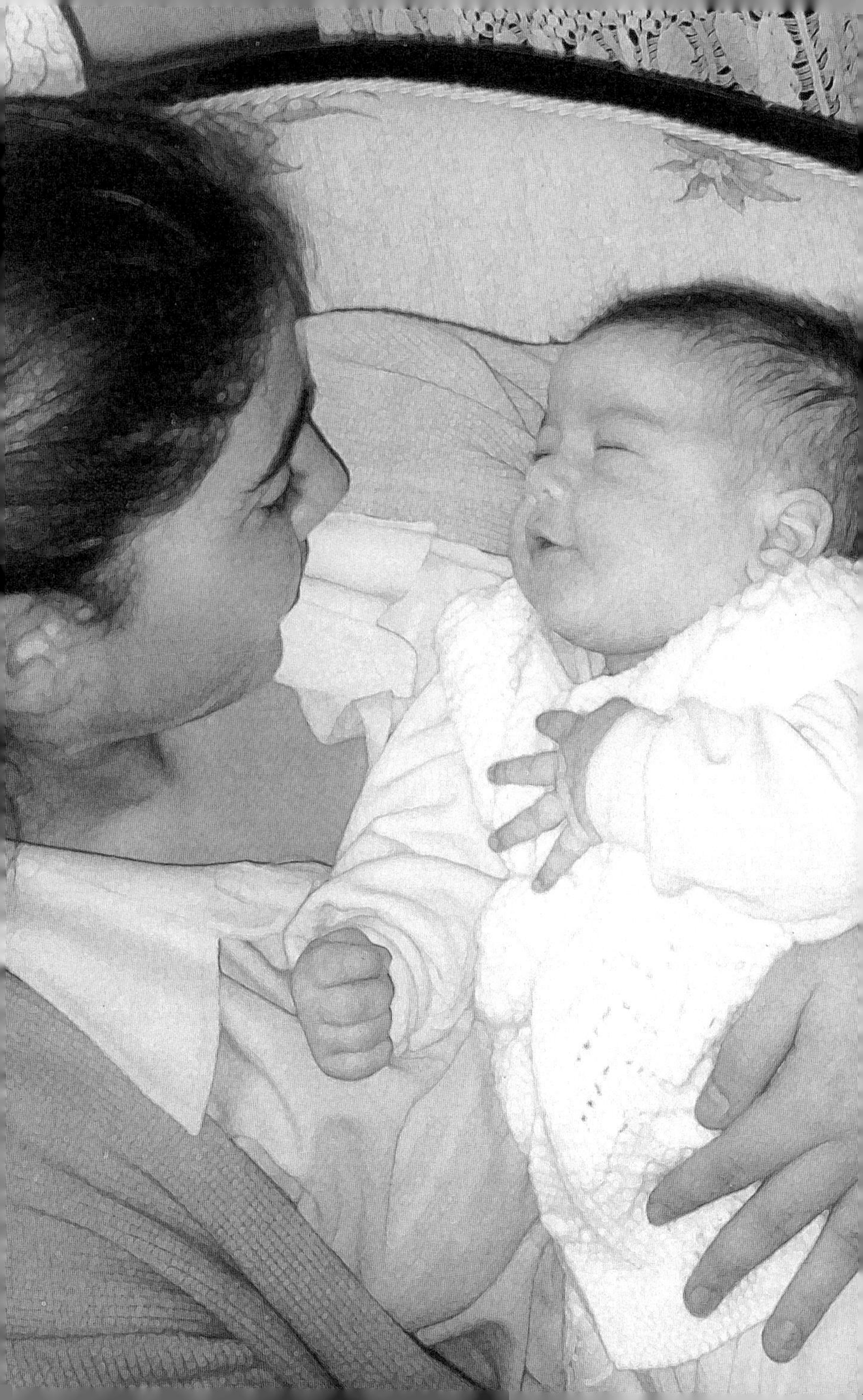

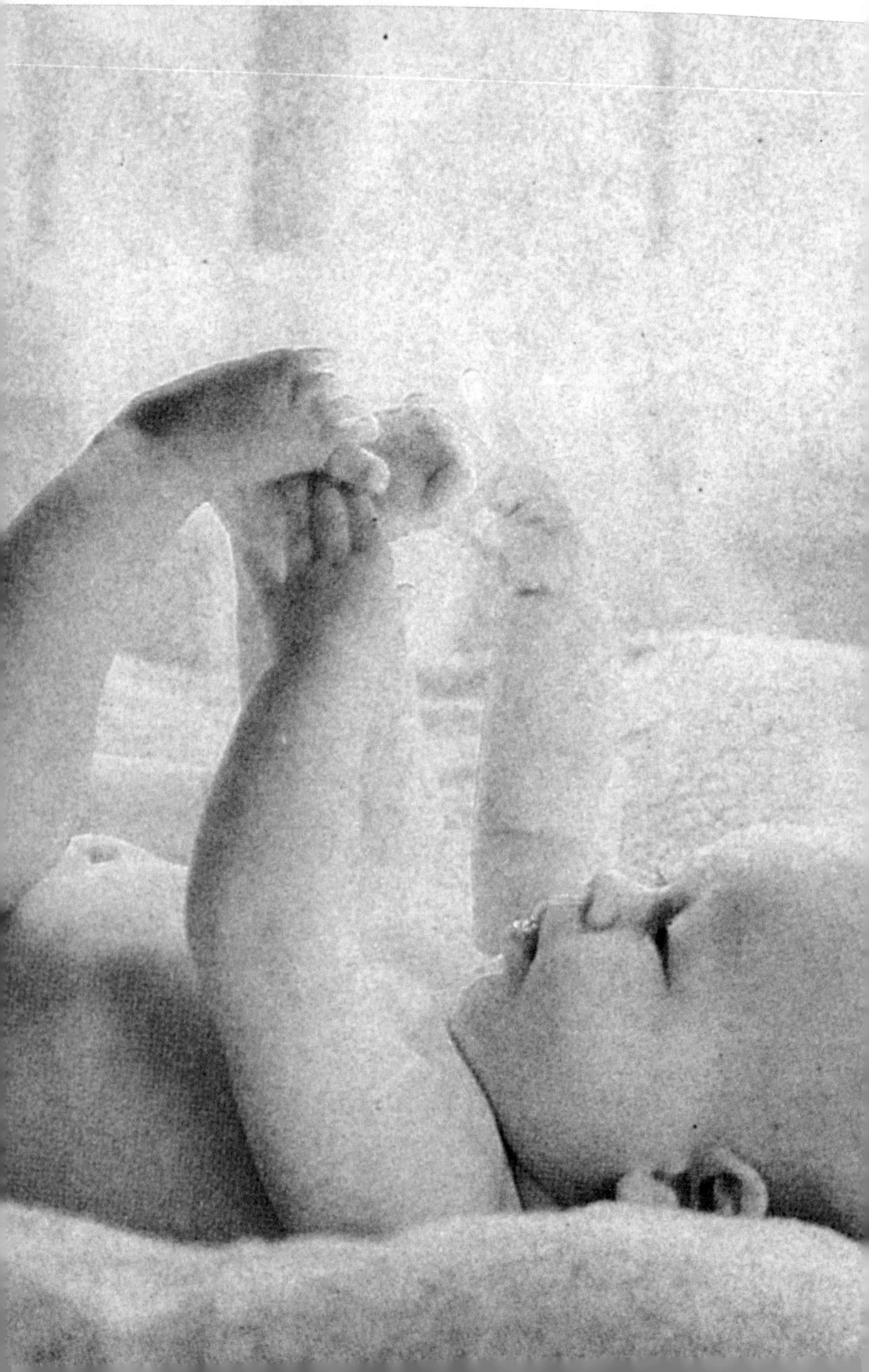

3. Ay

3 AYLIK BEBEĞİN GELİŞİM ÖZELLİKLERİ:

2 aylık bebek yakınında konuşan kişiye dikkatle bakabilmek için başını çevirir. 8-10 haftalığa doğru belli bir anlam taşıyan sesleri dikkatle dinler ve uygun biçimde tepki gösterir (örneğin bardakta tıngırdatılan kaşık sesine tepki verir). Bebek, 2 ay içinde insan sesinin duygusal türüne göre farklı tepkide bulunur; örneğin kızgın sese ağlama, ilgili ve sıcak olan sese gülümseme ile tepkide bulunur. Genellikle, önce sadece görüş alanındaki insan yüzüne gülümser. Daha sonra gülümseme ve seslere karşılık verir. Hazzın en açık belirtilerinden olan **gülümseme** 2. ay dolaylarında görülür.

3. ayda mutlu bir şekilde gözlerinin içi parlayarak gülümsemeye ve onu kucakladığınızda **cıvıldamaya** benzer sesler çıkarmaya başlar. Ayrıca bedenini büyük bir keyifle hareket ettirebilir. Bu tür gülümsemeler uyku sırasında görülen refleks gülümsemelerden farklıdır. İnsan sesi duyulduğunda ortaya çıkmaktadır.

Bebeğin insan sesini duyunca gülümsemesi, **Vygotsky** tarafından ilk gerçek **toplumsal tepki** olarak değerlendirilir.

BEDEN DURUŞU VE MOTOR BECERİLERİ:

- Sırtüstü konumda, başı ortada tutarak yatmayı seçer.
- Kollar ve bacaklar daha kolay bükülür; hareketler daha düzenlidir.

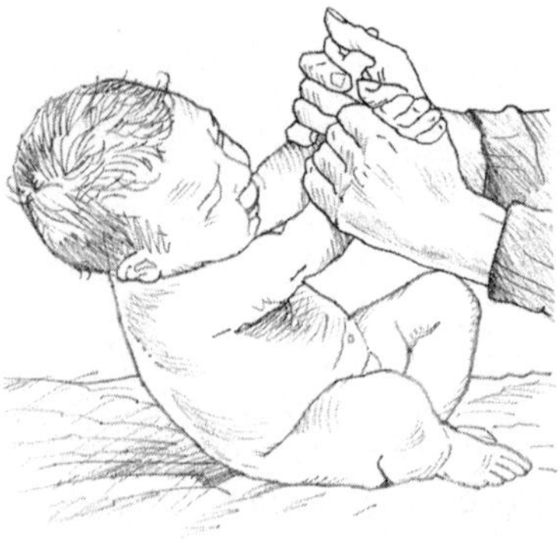

17. Oturur konuma çekılırken.

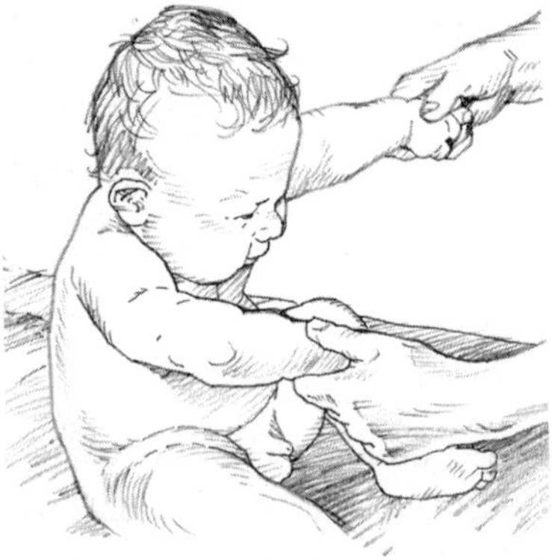

18. Oturur konumda.

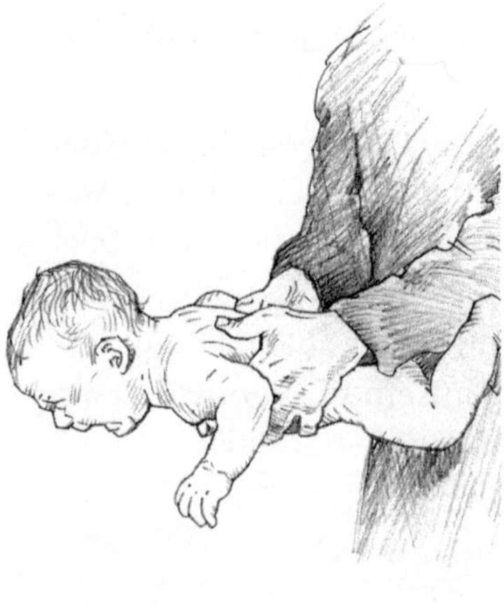

19. Karnından kavrayıp tutulduğunda baş yukarıda tutulur.

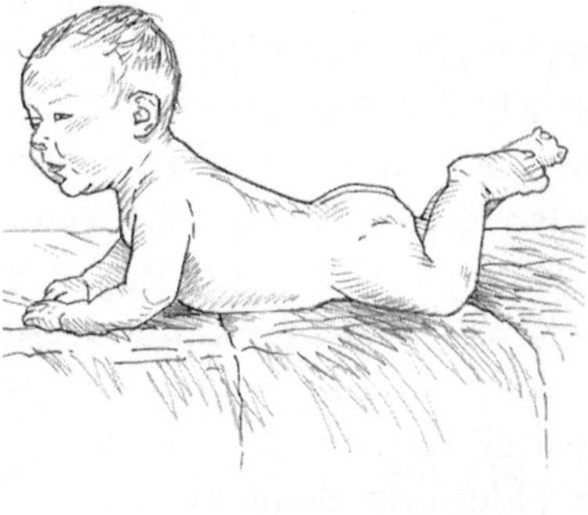

20. Yüzükoyun konumda destek alarak başını ve üst-göğsünü kaldırır.

- Kollarını simetrik olarak sallar. Eller gevşekçe açılır, sarkıtılır.
- Ellerini yanlardan ortaya getirip göğüs ve çene üstünde birleştirir.
- Bacaklarını sırayla, birbiri ardından veya zaman zaman her ikisini birlikte uzatarak tüm gücüyle tekme atar.
- Oturur konuma çekildiğinde, baş çok az geride kalır ya da hiç kalmaz. *(Resim 17)*
- Oturur konumda tutulduğunda, bel bölgesinde eğri oluşur. Bel bölgesi dışında sırt dik durur. *(Resim 18)*
- Baş öne doğru sarkıp sallanmadan önce, birkaç saniye boyunca dik ve sabit tutulur.
- Karından kavrayıp havada tutulduğunda, baş belirgin biçimde gövdeden daha yukarıda tutulur, kalça ve omuzlar gerilir. *(Resim 19)*
- Yüzükoyun konumda, önkollardan destek alarak ve (çoğunlukla) elleriyle masanın üstüne tutunmaya çalışarak, başını ve üst-göğsünü iyice yukarı kaldırır, kalçalar düz ve yatay durur. *(Resim 20)*
- Sert bir zeminde ayakta tutulduğunda, dizlerini gevşetip büker.

ALGISAL BECERİLERİ:

3. Ayda Bebek Ne Görür?

İlk 2 ayda bebeğin görsel dikkati objelerin nerede olduğuna ilişkindi. Ancak 3. aya gelindiğinde bebek artık objenin **nerede** olduğuyla değil **ne** olduğuyla ilgilidir. Başka bir deyişle, objenin **aranmasıyla** değil, **tanınmasıyla** ilgilenir. Bebek artık objenin **kenarını** değil **kendisini** gözden geçirir. Örneğin; önceleri insan yüzünün kenarlarına (saç çizgisi ve çene) bakan bebek, artık yüzü, gözleri incelemeye başlamıştır. Bebek 3 aylık olduğunda, annesinin yüzünü bütün diğer yüzlerden ayırabilir.

- 3 aylık bebek görsel açıdan oldukça dikkatlidir, özellikle yakınındaki birinin yüzüyle yoğun biçimde ilgilenir.
- Dikkatle çevresine bakınmak için, başını amaçlı olarak çevirir.
- Görüş alanına giren yetişkin hareketlerini izler.
- Yüzü önünde kendi ellerinin hareketlerini izler ve parmaklarıyla oynar: ellerini birbirine kenetlemeye, sıkı sıkı kavramaya ve bırakmaya başlar; avuç içlerini birbirine bastırır. *(Resim 21)*
- Yüzüne 15-30 cm. uzaklıkta; hem yatay olarak yarım çember boyunca bir yandan öbür yana, hem de, dikey olarak göğsü ile kaşı arasında sallandırılan topu izler. *(Resim 22-23)*
- Biberonunu tanır; biberon yüzüne yaklaştırıldığında, biberonu istediğini belirten hareketler yapar.
- 15-25 cm. yakınlarındaki küçük, hareketsiz nesnelere dikkatle bakar, ama nadiren dikkatini uzun süre ve aralıksız yoğunlaştırabilir.
- Sallanan top yüzüne yaklaştırılırsa, bakışlarını topa yöneltir.
- Herhangi bir uyarıcı karşısında savunma amaçlı göz kırpma açıkça görülür.
- Eline verilen çıngırağı birkaç dakika boyunca tutar, yüzüne yaklaştırabilir; bazen oyuncakla çenesine vurabilir, nadiren dikkatini aynı anda oyuncağa verebilir.
- Oyuncağı tutar ama el-göz eşgüdümünü henüz sağlayamaz. *(Resim 24)*

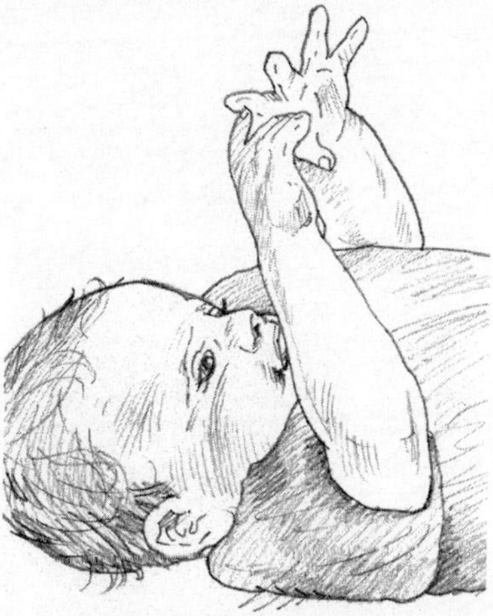

21. Sırtüstü, parmaklarıyla oynar.

22. Yatay düzlemde hareket eden topu izler.

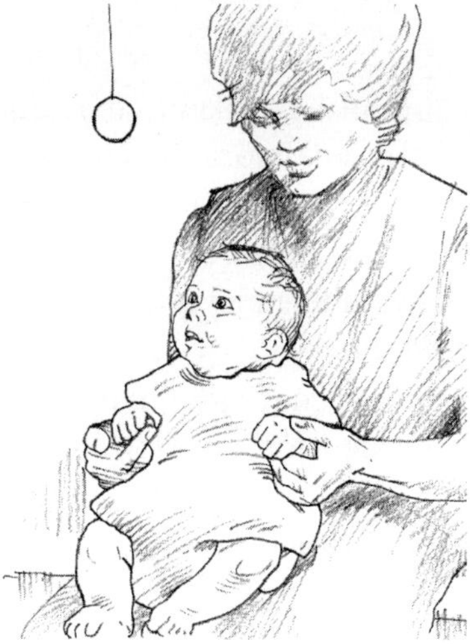

23. Dikey düzlemde hareket eden topu izler ve bakışlarını topa yöneltir, gözlerini o noktada birleştirir.

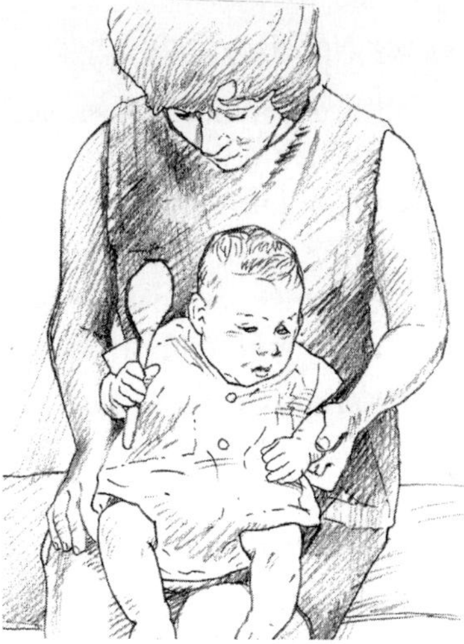

24. Oyuncağı tutar ama el-göz eşgüdümünü henüz sağlayamaz.

25. Belli bir anlam taşıyan sese doğru döner.

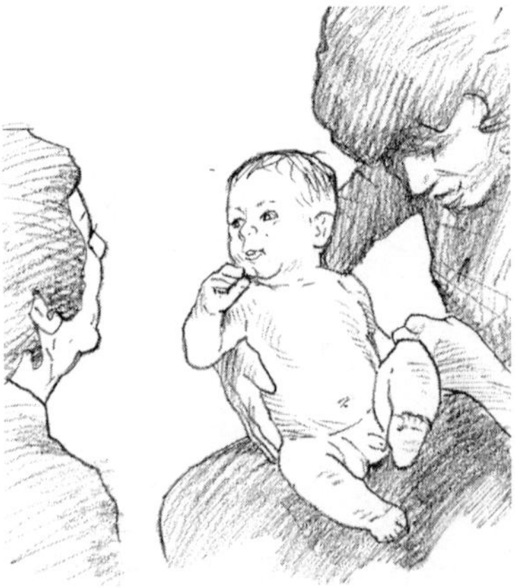

26. Yakınındaki kişinin sesine doğru döner.

Bebek Neyi Duyar ve Söyler?

- Beklenmedik yüksek ses ve gürültü hâlâ sıkıntı verir. Bu tür uyaranlar, bebeğin göz kırpmasına, gözlerini kısmasına, ağlamasına ve başka yöne dönmesine sebep olur.
- Anne kendisine dokunmadan önce, oldukça belirgin bir gülümseme ya da sessizleşmeyle annenin sesine karşılık verir, ama bağırırken böyle davranmaz.
- Kendisiyle konuşulduğunda ya da hoşnut olduğunda, bazen yalnızken de, büyük bir zevkle kendi kendine sesler çıkarır.
- Rahatsız ya da sıkıntılı olduğunda ağlar.
- Kulağa 15-30 cm. uzaklıkta, 3-5 saniye aralıklarla 3-5 saniye boyunca, görüş alanı dışında, bir zil hafifçe çalınırsa veya bardakta kaşık tıngırdatılırsa, bebek sessizleşir. *(Resim 25)*
- Gözlerini ve/veya başını sesin kaynağına doğru çevirebi-

lir; kaşlarını çatıp gözlerini tümüyle açabilir. Sesin kaynağını arıyormuşçasına, başını yanlara doğru çevirebilir.

- Yemek hazırlıklarına ilişkin seslere, genellikle emme hareketi yaparak veya dudaklarını yalayarak karşılık verir.
- Yaklaşan birinin sesini, ayak seslerini, banyoda akmakta olan suyun sesini duyduğunda heyecanlanır, coşku belirtileri gösterir. *(Resim 26)*

SOSYAL BECERİLERİ VE OYUN:

Piaget'ye göre ***oyun düşüncenin ilkel bir işlevidir.*** Oyun davranışları sadece işlevsel haz için yapılır. Alıştırma oyunları, bebeklikte anne-babanın gıdıklama, okşama, zıplatma davranışları ile başlar, çocuğun hareket yeteneği arttıkça yetişkinlerden bağımsız olarak gelişir.

- Bu dönemdeki bebek beslenirken, durumdan hoşnut olduğunu belirten, anlamlı bir bakışla, gözlerini hiç kırpmadan annesinin yüzüne bakar. *(Resim 27)*

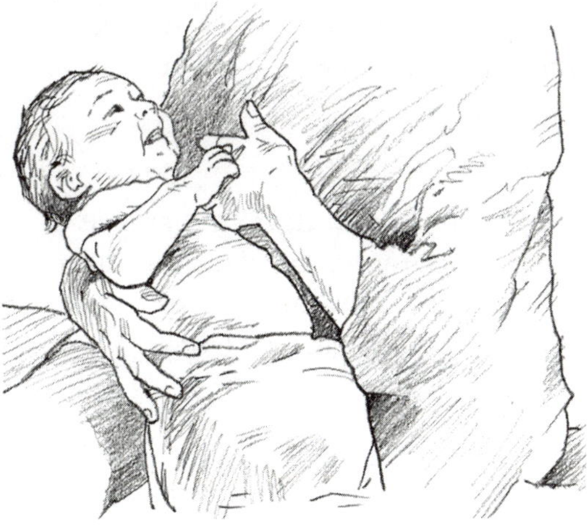

27. Anneye neşe dolu tepki vermeye başlar.

- Tanıdık durumlara tepki vermeye başlar; gülümseme, cıvıldama ve coşkulu hareketlerle yemek, banyo vb. gibi bazı faaliyetlere ilişkin hazırlıkları fark ettiğini gösterir.
- Artık günlük yıkanma ve bakım etkinliklerinden belirgin bir şekilde zevk alır.
- Sevecen, dostça ilgiye, özellikle de oyunumsu gıdıklamalar ve coşkulu konuşmalar eşliğinde yaklaşıldığında, belirgin bir hoşnutluk sergiler.

DİL GELİŞİMİ:

Cıvıldama; kumru gibi ses çıkarma

2 ayın sonundan itibaren önceki dönemlere oranla daha az ağlamaya rastlanırken, bebekler kumru gibi ses çıkarmaya başlarlar. Bu ilkel seslerin çevresel etkenlerden ve işitme algısından bağımsız olarak meydana geldiği görülür. Çok erken bir aşamada görülen bu seslendirmelere, dilin temel taşları gözüyle bakılabilir. Bunlar genellikle bebeğin rahat ve hoşnut olduğu zaman çıkardığı sesli harflerden oluşur. Bu sesler öğrenilmemiştir ve geneldir. **Cıvıldama, gerçek dile yakın olmayan, zihinsel gelişim niteliği taşımayan sözel anlatımdır.**

BİLİŞSEL GELİŞİM:

1. aydan 4. aya kadar süren devrede bebeğin bir rastlantı sonucu yakaladığı ve başardığı bir davranışı durmadan tekrarlaması demek olan **"ilk devresel tepkiler"** görülür. Bu tepkiler tekrarlana tekrarlana alışkanlık haline gelir.

ÇOCUĞA NASIL YARDIMCI OLUNABİLİR?

- Kucağa alındığında başını dik tutabilmesi için, çıngırak ya da sesli oyuncak sallayın.
- Çeşitli sesler çıkararak bebekle konuşun. Ardından çocuğun çıkardığı sesleri dinleyin, onları taklit edin, bebeği yeni sesler çıkarması için cesaretlendirin.
- Bebeğin kendisiyle konuşulduğunda, konuşana bakıp bakmadığını ve gülümseyip gülümsemediğini izleyin.
- Çıngırağı bebeğin görme alanında sallayarak onun dikkatini çekmeye çalışın. Daha sonra çıngırağı, görme alanının bir ucundan diğerine doğru hareket ettirin. Bebeğin hareket eden çıngırağı gözleriyle 180° takip edip etmediğini gözleyin.
- Bebeğin el ve ayak bileklerine renkli uyarıcı olarak yün veya bez bilezik takarak uzun uzun izlemesini sağlayın.
- Bebek, kendi görüş alanı içindeki objeleri yakalamaya, çevresindeki her şeye dokunabilmek için uzanmaya başlar. Hepsini tutmak, dokunmak, ağzına götürmek, hissetmek ister. Bunun için ona çıngırak ve yumuşak oyuncak gibi, oynayabileceği oyun malzemelerini sunun.
- Bebeğin tüm davranışlarını-hareketlerini, jest ve mimiklerini övgülerle ödüllendirin.

3. AYDA BEBEĞİNİZ NELER YAPABİLİR?

3. ayın sonunda bebeğiniz aşağıdakileri yapabilecek durumda olmalıdır:

- Yüzükoyun pozisyonda iken, başını 90°'lik açı oluşturacak şekilde kaldırabilir.
- Göz hizasında 15 cm. uzaklıkta ve hareket halindeki objeyi takip edebilir.

Not: Bebeğiniz gelişimin kilometre taşı sayılan bu dönüm noktalarından bir ya da daha fazlasına ulaşmamışsa, çocuk doktorunuza danışmalısınız. Gecikme nadiren bir probleme işaret edebilirse de, birçok durumda bebeğiniz için bu normal olabilir. Genellikle erken doğmuş bebekler, dönüm noktalarına, yaşıtlarından daha geç ulaşırlar. Bu yeterlilikleri çoğunlukla, beklenen yaşlarında (normal doğum gerçekleşseydi, olmaları gereken yaşta) veya daha sonra elde ederler.

3. ayın sona ermesiyle birlikte, bebeğiniz büyük olasılıkla aşağıdakileri yapabilecektir:

- Yüksek sesle gülebilir.
- Parmaklarıyla oynarken, ellerini açar ve bir araya getirir. Parmak oyunu sırasında, her iki elini yanlardan ortaya getirip göğsünün üstünde bitiştirir.
- Ellerini bir araya getirebilir.
- Kendiliğinden gülümseyebilir.
- Göz hizasında 15 cm. uzaklıkta bir yönden diğerine doğru 180°'lik açı yaparak hareket eden parlak bir nesneyi izleyebilir.
- El ve ayaklarına uzun uzun bakabilir.
- Kucağa alındığında başını dik tutabilir.

3. ayın sona ermesiyle birlikte, bebeğiniz aşağıdakileri belki yapabilecektir:

- Başını kaldırdığında, dik ve sabit tutabilir.
- Karın üstü pozisyondayken, omuzlarından destek alarak göğsünü kaldırabilir. Yani karnı üzerine yatıp, ellerine dayanıp başını kaldırarak etrafına bakabilecek duruma gelir.
- Bir yöne doğru yuvarlanabilir.
- Parmaklarının ucuyla ya da tüm parmağını kullanarak çıngırağı yakalayabilir.
- Kuru üzüm ve benzeri küçük objelere ilgi duyabilir.

3. ayın sona ermesiyle bebeğiniz aşağıdakileri bile yapabilecek durumda olabilir:

- Bacaklarıyla belli miktarda ağırlık kaldırabilir.
- Objelere gelişigüzel vurur, bir objeye uzanabilir. Objeyi elinde tutabilir.
- Oturma pozisyonuna getirilmek üzere yukarı doğru çekildiğinde, başını vücudu ile aynı hizada tutabilir.
- Sesin, özellikle annenin sesinin geldiği yöne dönebilir.
- A-gu ve benzeri sesli-sessiz harf bileşimlerinden oluşan sesler çıkarabilir.

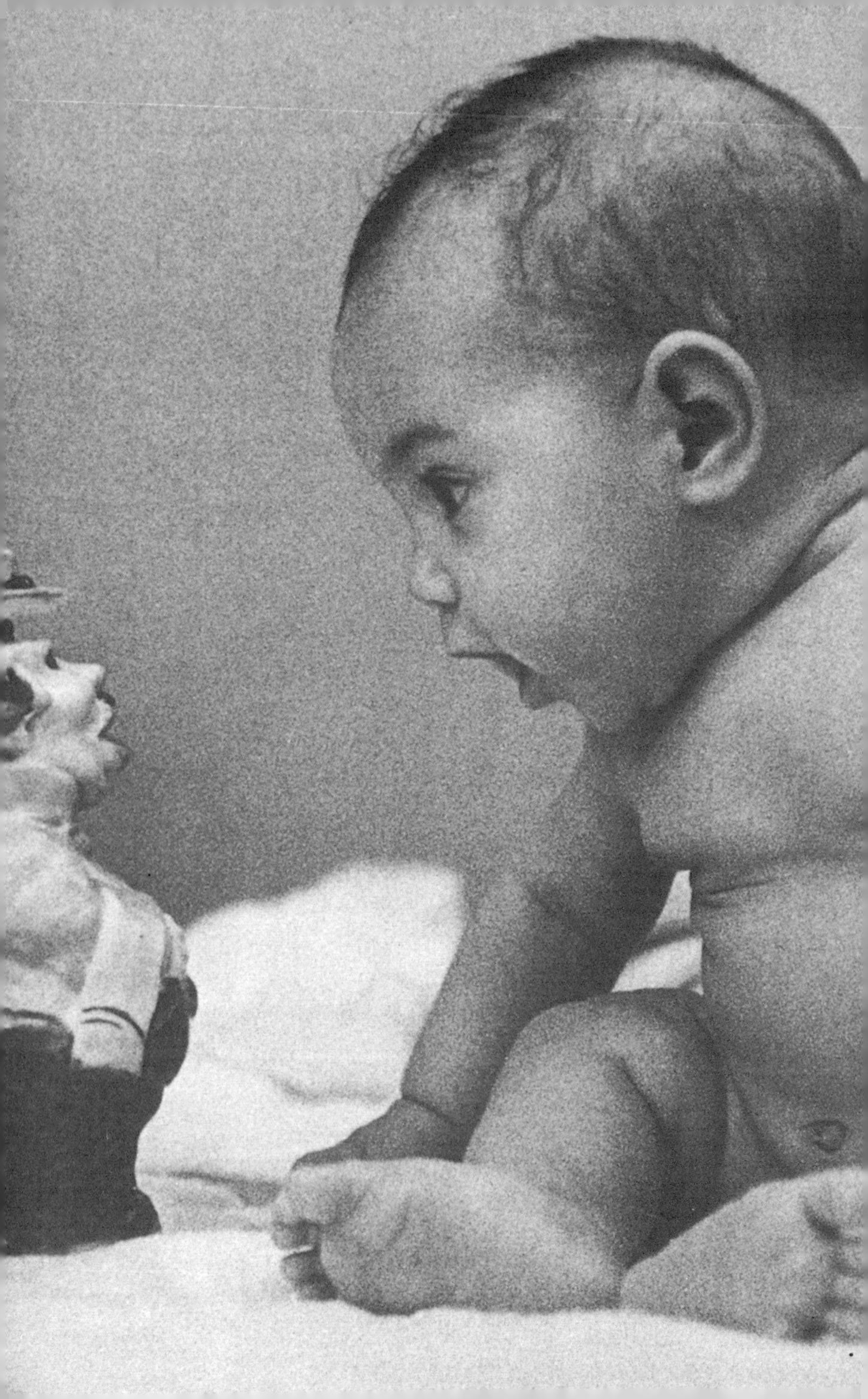

6. Ay

6 AYLIK BEBEĞİN GELİŞİM ÖZELLİKLERİ:

İlk yılın ikinci yarısında bebekler, bilişsel gelişim açısından önemli bazı atılımlarda bulunur. **Nesnenin sürekliliğini anlar (8. aydan itibaren)** ve **özel bağlılıklar geliştirir (7.-9. aylar arası).** Bu evrede bebekler **oturabilir** ve böylece çevrelerindeki eşyaları daha kolayca idare edebilir, **ellerini** usta bir biçimde **hareket ettirebilir. Heceleme** ve **kendi çıkardığı sesleri yineleme** gibi çeşitli dil öncesi sesli anlatımlarda bulunur.

6. ayda bebek; dikkat çekici farklı sesler çıkarmaya çalışıp, birinin geldiğini duyduğunda heyecanlanıp kucağa gitmek için kollarını yukarı doğru kaldırmaya başlar. Aynadaki yansımasına gülümser, onunla konuşur, kendi adını bilir ve ağzından hava kabarcıkları çıkarır. Korkularını ifade edebilmekte, yemek isteyerek bağımsızlığını göstermekte, yiyecekleri sevdikleri ve sevmedikleri diye ayırabilmektedir.

BEDEN DURUŞU VE MOTOR BECERİLERİ:

- Sırtüstü konumda, ayaklarına bakmak için başını yastıktan kaldırır.
- Bacaklarını kaldırarak dikey duruma getirir ve bir ayağını ya da (sonradan) her iki ayağını elleriyle kavrar. *(Resim 28)*
- Beşikte veya bebek arabasında destekle oturur ve çevresine bakınmak için başını bir yandan öbür yana çevirir.

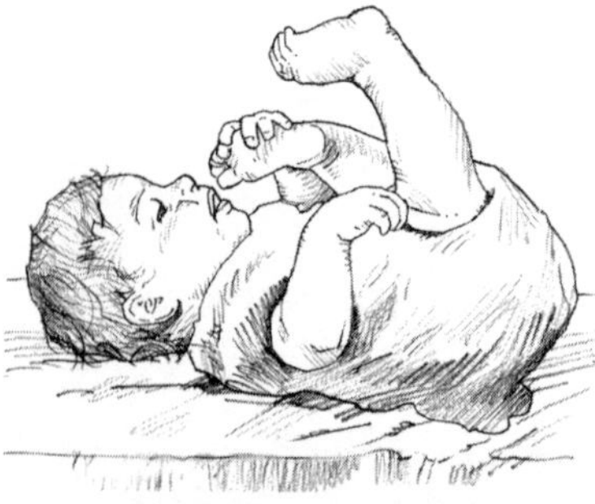

28. Sırtüstü, bacaklarını yukarı kaldırır ve ayaklarını elleriyle yakalar.

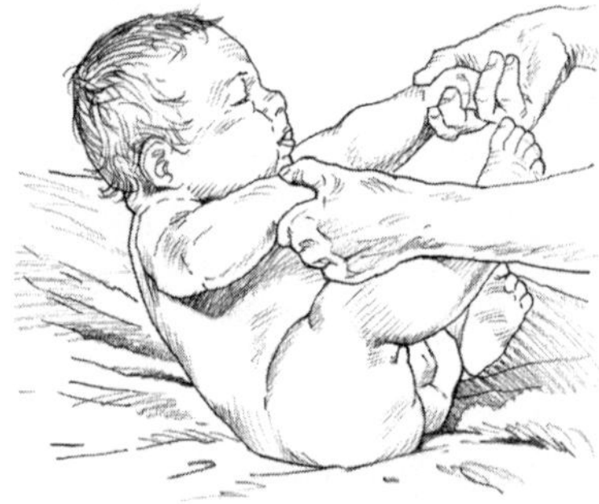

29. Oturur konuma çekildiğinde, omuzlarını gerer.

- Kollarını, canlı canlı ve anlamlı bir biçimde hareket ettirir; kucağa alınmak istercesine yukarı kaldırır.
- Ellerinden sıkıca tutulduğunda, omuzlarını gerer ve oturabilmek için gövdesini yukarı doğru kaldırır. *(Resim 29)*
- Bacaklarını birbiri ardına hareket ettirerek, güçlü bir şekilde tekmeler atar.

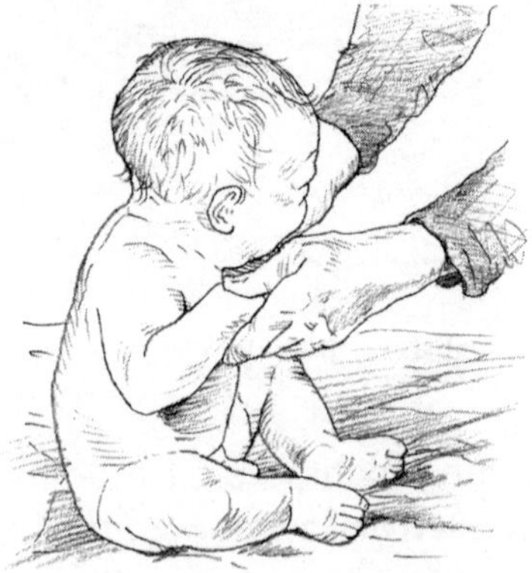

30. Otururken, sırt dimdiktir.

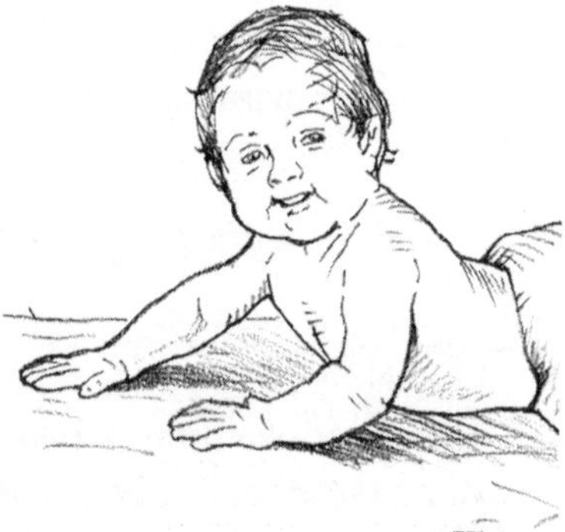

31. Yüzükoyun, kollar uzatılmış.

- Yüzükoyun konumdan sırtüstüne ve (genellikle) sırtüstünden yüzükoyun konuma dönebilir.
- Otururken tutulduğunda, baş ve sırt sabit biçimde tümüyle dimdik durur. *(Resim 30)*
- Kısa bir süre (bir an için) tek başına oturabilir.
- Yüzükoyun konumda, avuçlarını masaya (yere, yatağa herhangi bir düzeye) dayayıp, kollarını uzatarak kendini yukarı çekmeye çalışır, başını ve göğsünü iyice kaldırır. *(Resim 31)*

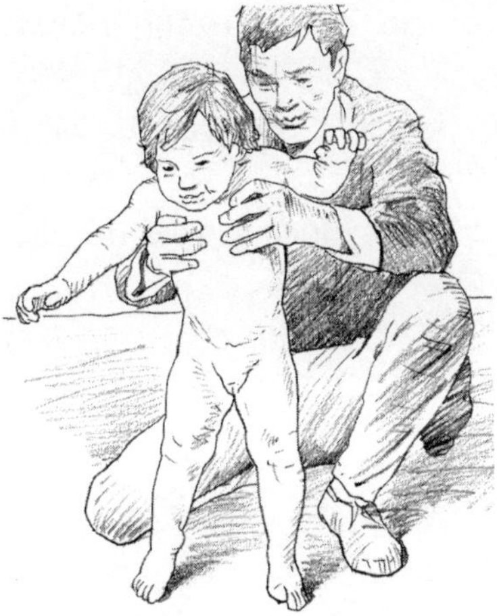

32. "Aşağı doğru paraşüt" duruşu belirgin.

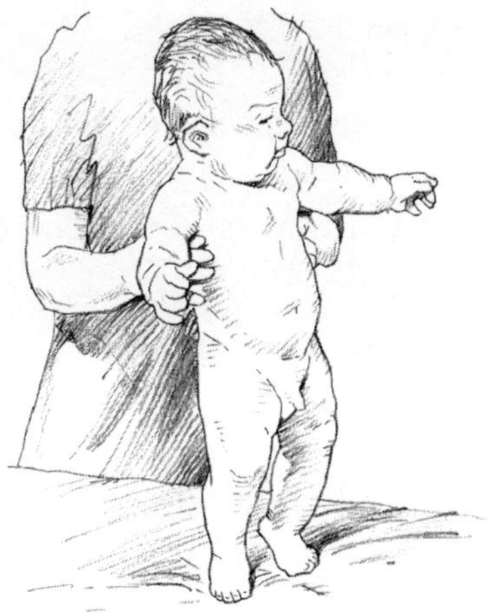

33. Ayakta tutulduğunda dizlerini büker, gevşekçe basar.

- Sert bir zemin üzerinde ayakta tutulduğunda, ağırlığını ayaklarına verip, etkin biçimde bir aşağı bir yukarı zıplar.
- "Aşağı doğru paraşüt" duruşu hemen belirir. *(Resim 32)*
- Ayakta tutulduğunda; dizlerini büker, gevşekçe basar. *(Resim 33)*

ALGISAL BECERİLERİ:

6 Aylık Bebek Neleri Görür?

- Tükenmek bilmeyen görsel merak: İlgisini çeken her yöne büyük bir istekle başını çevirir, bakışlarını yöneltir.
- Anlamlı bir ilgiyle, dikkatle, yetişkinin odada yaptıklarını izler.
- Gözler birlikte hareket eder: herhangi bir şaşılık durumunda bir göz hekimine danışmanızda yarar vardır.
- 15-30 cm yakınlıktaki nesnelere (örneğin; oyuncak, zil, tahta küpler, şeker) hemen gözlerini dikip bakar ve hatta aynı anda, onları tutabilmek için ellerini uzatır. *(Resim 34)*
- **Avuçla kavrarken bütün elini kullanır**; oyuncağı bir elinden diğerine geçirebilir. *(Resim 35)*
- Görüş alanı içinde elinden düşen oyuncağı, yere düşene kadar izler.

34. Her iki eliyle çıngırağı kavrar.

35. Avuçla kavrama ve bir elden öbürüne geçirme.

36. *1.5-3 m uzaklıktan, yuvarlanan topu dikkatle izler.*

- Oyuncak görüş alanı dışına düşerse ya hiç aldırmaz ya da ellerini hafifçe vurup beşiğin çevresine bakınarak anlamsız bir arayış içine girer.
- 3 m uzaklıktan, küçük topların yuvarlanışını izler. *(Resim 36)*
- Yukarı fırlatılan benzer büyüklükteki toplara da ilgiyle bakabilir, ama dikkatini uzun süre yoğunlaştırmakta güçlük çeker.

6 Aylık Bebek Neleri Duyar ve Söyler?

- Annesinin, odanın diğer yanından gelen sesini duyar duymaz ona doğru döner.
- Kendi kendine ve başkalarıyla birlikteyken, şarkımsı ya da tek ve iki heceli ifadelerle hoş, uyumlu sesler çıkarır. 6 aylık bebekler tüm insan seslerine aynı düzeyde tepki verirler. "Ba da", "Ba ga" gibi iki heceli sözcükleri ayırabilirler. **6 aylık bebek hangi sesin hangi yüze ait olduğunu bulabilir**. Bu yaştaki bebekleri ebeveynin karşısına yerleş-

tirip, seslerini kasetten dinlettirirseniz sesleri ayırır ve ona göre annesinin ya da babasının yüzüne bakar.

- Oyun oynarken gülücükler dağıtır, kıkır kıkır güler ve kendi kendine neşe çığlıkları atar.
- Kızdığında ya da canı sıkıldığında bağırır.
- Anne sesinin değişik duygusal tonlamalarına, seçici tepkiler verir.

SOSYAL BECERİLERİ VE OYUN:

- Küçük oyuncaklara uzanıp elleriyle kavrayabilir.
- Çoğunlukla her iki eliyle de avuçlayarak yaklaşır; ara sıra tek elini kullanır.
- Her şeyi ağzına götürür. **Cisimleri ağıza götürme; çocuğun gelişim süreci içinde doğal bir eylemdir**. Bu alışkanlık, yaklaşık olarak 6. ayda ortaya çıkar ve gelişimde "oral dönemin" habercisidir. Bu dönemde ağız bölgesi, çocuğun bedeninde ilgisini en çok çeken bölümdür. Ci-

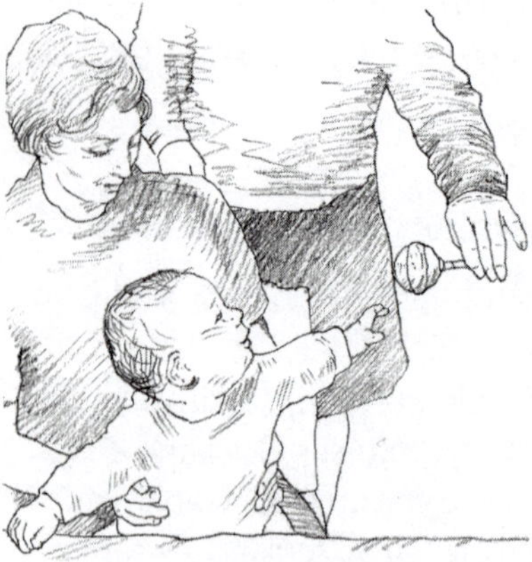

37. Kulakla eş düzeyde en küçük şiddetteki sese doğru döner.

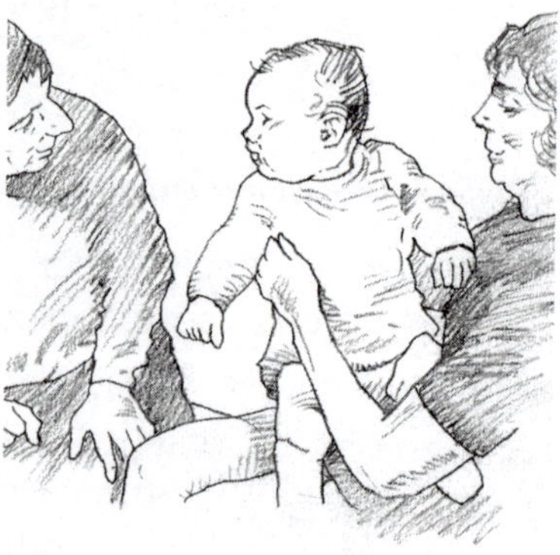

38. Yumuşak tondaki sese doğru döner.

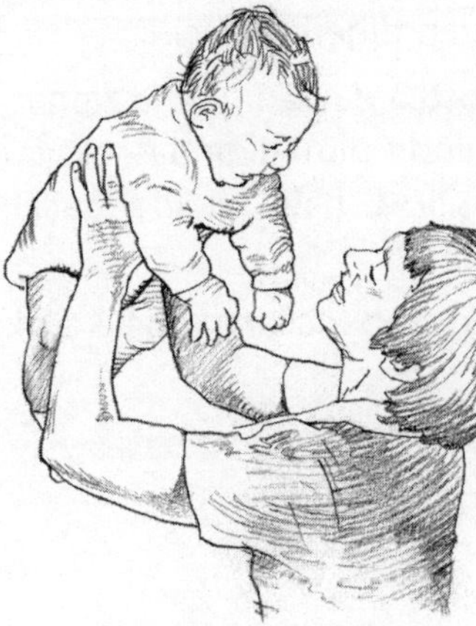

39. Etkin oyuna neşeyle karşılık verir.

40. Yabancılara hâlâ dostça davranır.

simleri ağzına, onlar hakkında daha çok şey öğrenebilmek için ve onları hissetmekten aldığı zevkten dolayı götürmektedir. **Stern**'in "ağız mekânı" diye yorumladığı bu faaliyeti yoluyla **çocuk ağız sayesinde dış dünyayı tanımaya başlar**. Bu gerçekten hareketle, çocuk uzanabileceği alan içinde gördüğü tüm objeleri onları tanımak üzere ağzına götürür. Bu evrede çocuğun, küçük oyuncak ve boncukları ağzına götürmesini engellemenin tek yolu, onları uzanabileceği yerde bulundurmamaktır.

- Ayaklarını ve ellerini serbestçe hareket ettirmeyi ve dikkatle izlemeyi ilginç bulur: bazen, nesneleri yakalamayı kolaylaştırmak için ayaklarını kullanır.
- Beslenirken, elleriyle biberonu kavrar ve hafif hafif şişeye vurur.
- Kendisine çıngırak verildiğinde, hemen elini uzatır ve ses çıkarması için amaçlı bir biçimde sallamaya başlar; çoğunlukla, bunu yaparken aynı zamanda çıngırağı da dikkatle izler.

- Nesnelerle büyük bir dikkatle uğraşır, ellerini ustalıkla kullanır; nesneyi sık sık bir elinden diğerine geçirir.
- Yabancılara hâlâ cana yakın, dostça davranır; ama zaman zaman, özellikle de annesi yanında olmadığında çok yakınına gidilir, birdenbire yaklaşılırsa, hafif bir utangaçlık hatta endişe gösterebilir. *(Resim 40)*
- Yaklaşık olarak 8. aydan itibaren, yabancılara yönelik açık bir çekingenlik sergiler.

GELİŞİMİN İLK AYLARINDA NE TÜR OYUNCAKLAR ALINMALIDIR?

Oyun; çocuk için oldukça **eğlenceli** olmanın yanında, ona belli bazı **becerileri öğretmesi nedeniyle** ciddi bir **faaliyettir.** Bunun için oyun, çocuğun yaşına uygun olmalıdır. Ebeveyn bazen pasif izleyici olarak, bazen de aktif katılımıyla **oyunu desteklemelidir.** Oyun, çocuğu meşgul ederek, annenin kendi işlerini yapabilmesini sağlayacak bir araç olarak düşünülmemelidir.

İlk yılda, bebeğin karyolasının üzerinde bir uçtan diğerine uzanan ipe birbiri ardınca dizilmiş güvenli oyuncaklar uygundur. Bunlar şekil olarak birbirlerinden farklı olmalı, renk, dokunma, duyma gibi çeşitli duyulara hitap etmelidir. Renkler canlı olmalı; plastik, tahta vb. gibi değişik malzemeden üretilen oyuncaklar seçilmelidir. Bazıları ses çıkarmalı ve bu sesler de birbirinden ayrı olmalıdır.

Çocuk, oyuncaklara uzanabildiği ve uyaranların çeşitliliği arttığı sürece inanılmaz derecede eğlenecektir.

Bebek yaklaşık üç aylık olduğunda cisimleri kaldırma yönünde ilk denemelerini yapacak, ancak 6. aya kadar pek başarılı olamayacaktır. 6. ayda ise, **tüm avucunu kullanarak** büyük olasılıkla **cismi kavrayacaktır.** Bu nedenle bu evrede küçük bir oyuncak uygundur. Büyüdükçe başparmağı ile işaretparmağını kullanıp kıskaç hareketi yaparak, daha küçük objeleri tutabilir hale gelecektir.

Birinci yılın sonlarına doğru emeklemeye, böylece yerdeki objelerle oynayabilmeye başlar. Bu; büyük itilebilen-çekilebilen ve yuvarlanabilen oyuncaklara ihtiyaç duyulduğu anlamına gelir. Önceleri oyuncağın görüş alanından çıkarak kaybolması onda bir hayal kırıklığı yaratır, ses çıkaran bir oyuncak daha çabuk bulunması açısından yararlı olabilir.

Ancak çocuk, en büyük zevki anne-babayla oynarken yaşar. Eşyayı alıp saklamanız, sonra geri vermeniz gibi oyunlardan büyük haz duyacaktır. Burada önemli olan, birtakım incelikler kullanarak monotonluk ve sıkıcılığı önlemektir. Dikkatinin dağıldığını fark ettiğiniz anda faaliyeti değiştirin. Mutfakta yemek pişirme gibi ev işlerinde onun yardımını alın. Onunla oynarken eğlendiğiniz ve çeşitli faaliyetlerle ilgisini çektiğiniz sürece o da eğlenecektir. Ancak onu **asla oyuncak yağmuruna tutmayın.** Çünkü bu onu şaşkına çevirecektir ve zaman içinde **duygusal doyumsuzluğa** neden olabilecektir. Onun yaşına uygun birkaç oyuncak yeterlidir, böylece bu oyuncaklarla ilgili yeni şeyler keşfedebilmesi için zamanı olacaktır. Ayrıca ev içindeki herhangi bir nesnenin de onun için 'oyuncak' olabileceğini unutmayın. Güvenli ev eşyaları bunların arasında sayılabilir. Örneğin; mutfaktaki tahta kaşık onun davul çalması için ideal bir oyuncaktır. Bazı oyuncaklar da, ısırabilmesi için uygun olmalıdır. Isırma, keşfetmenin başka bir yoludur ve tehlikeli herhangi bir yanı yoktur. (Ayrıntılı bilgi için bakınız: "Çocuğun İlk 6 Yılında Önemli 20 Oyuncak", s. 235)

DİL GELİŞİMİ:

Bu dönemdeki bebekler **hecelemeye** başlayarak (6-9 ay arası), tek heceli fonem adı verilen (dilin ilkel ses yapıları) anlamsız sözcükler çıkarmaya başlarlar (ma, ba). Bu sesler bütün dillerde, sağır çocuklarda bile aynıdır. Bu ilkel dil hem kendini ifade etmek, hem de diğerlerinin davranışını değiştirmek amacıyla kullanılır. Çocuğun hecelemeye başlaması ve bunu bırakması, vokal mekanizmanın (seslendirme mekanizması) gelişmesine ve bu mekanizmayı kullanmaktaki isteğine bağlıdır. Çocuk, kendi çıkarttığı sesleri dinlemekten hoşlanır ve bu sırada kendi kendine gülümser. **Çocuklar, anne-babaları kendileriyle konuştukları sürece iyi seslendirme yapabilirler.**

Heceleme daha sonra konuşma dilinde kullanılan değişik olguların pratiğini sağlama konusunda önemli rol oynayabilir. 6. aydan 8. aya doğru üretilen gerçek sözcükler çocuğun diline egemen olmaya başlar. 7. ve 8. aylarda çocuğun aynı hece kalıplarını birbiri ardına sıraladığı ve tekrarladığı görülür (ma ma ma, da da da).

Heceleme sözlü bir pratiktir, dile gerekli olan hareketlerin gelişmesi için temeli hazırlar. Heceleme, vokal mekanizmayı kontrol altında tutarak çocuğun konuşmayı öğrenmesini hızlandırır.

BİLİŞSEL GELİŞİM:

8.-9. aylara kadar devam eden bu gelişim evresi, görünen nesnelerin alınmasıyla belirlenir. Tepkiler nesnelere yöneliktir. Ancak amaca yönelik değildir. Rastlantıya bağlı tekrardan ibarettir. Bu evrede **görme** ile **alma** düzenlenebilmekte, böylelikle bile bile yapılan eylemlerin doğması mümkün olabilmektedir.

ÇOCUĞA NASIL YARDIMCI OLUNABİLİR?

- 10 dakikayı geçmemek koşuluyla sırtını ve yanlarını destekleyerek oturmasını sağlayın ve bunu gün boyu tekrarlayın. Eline ve uzanabileceği yere oynayabileceği oyuncaklar koyun.
- Zaman zaman sesli uyaranlar vererek çocuğun değişik pozisyonlarda dönmesini ve bu pozisyonlarda yatmasını sağlayın.
- Bebek yüzükoyun durumdayken uzağına sevdiği oyuncağı koyun ve onu alması konusunda çocuğu cesaretlendirin. Sürünerek gitmek istediğinde vücudunu hareket ettirmesi için tabanlarından iterek destek verin.
- Bebeğinizin çıkarttığı "ba", "da", "ka" gibi sesleri tekrar edin.
- Parmaklarıyla yiyebileceği yemekler vererek, kendi kendine beslenmesini destekleyin.
- Kimlik duygusunun gelişmesine yardım edin. Aynada kendi yansımasını gösterin. Adını yüksek sesle söyleyerek dikkatini çekin. Adını mümkün olduğu kadar sık kullanın.
- Çocuğun konuşabilmesi için konuşma mekaniğini öğrenmesi gerekir. Konuşma mekaniği, dil, dudak ve damak hareketlerini kapsadığından emme, baloncuklar çıkarma, yalama ve çiğneme hareketleri konuşma için ideal hazırlık çalışmalarıdır. Çeşitli oyunlarla, özellikle yemek saatlerinde bu tür faaliyetleri destekleyin.
- Kendilerine şarkı, ninni söylenen çocuk konuşma ritmini daha iyi anlar. Şarkılı, ritimli oyunlara katılmış olan çocuklar, diğerlerinden çok daha çabuk ve kolay konuşurlar. Bu tür faaliyetleri gerçekleştirmeye özen gösterin.

- **Bebekle iletişimin ilk yolu gülmekten geçer.** Komik konuşup, komiklikler yaparak onu güldürün. Siz de bol bol gülün.
- İlk aylarda bebekler taklit yoluyla öğrendiklerinden isimleri, olay ve günlük ritmi sık sık tekrar etmek uygundur. Konuşmalarınıza ifade verin ve abartılı davranın. Örneğin: "sıcak!" derken nefesinizi çekin, "ah!" derken elinizi hızla çekin vb.
- Bebekle oynarken bir oyuncağını saklayın. Oyuncağı yeniden ortaya çıkarmadan önce bebeğin bir arayış içinde oyuncağın ortaya çıkmasını bekleyip beklemediğini gözleyin.
- Beslenme ve oyun sırasında bol bol konuşun. Ba, be, bı, bu gibi sesler çıkararak oynayın ve konuşun. Bebeğin de bu sesleri çıkarması için onu cesaretlendirin. Sesleri çıkarttığında tekrar edin.
- Bebeği yastıkla destekleyerek oturtun. Siz de karşısına oturun. Her iki eline aynı anda oyuncaklar vererek oynamasını sağlayın.
- Oyuncaklar, bebeğinize pek çok şey öğretecektir. Bu nedenle; ona farklı boyut, şekil ve dokularda, farklı biçimlerde kullanılabilen oyuncaklar sunun. Bu oyuncakların ağza alınabilecek türde, sağlık koşullarına uygun, bazılarının ses çıkaran cinsten olmasına dikkat edin.
- Objeleri, karşılıklı alıp-verme, atıp-tutma şeklinde oyunlar oynayın.
- İsmini sürekli olarak kullanın.
- Olayların varoluş amacı olduğunu, değişebildiğini öğretmek için; hareketler ve sonuçlarını çeşitli örneklerle, açık seçik şekilde sunun. Örneğin; bir topu itip, ona yuvarlandığını söyleyin.

- Dikkat çekme çabalarını cevaplandırın.
- Bebeğiniz sizi istediğini belirttiğinde, kollarınızı açarak ona gidin, adını söyleyin; böylece ona geldiğinizi bilmesini sağlayın.

?

6. AYDA BEBEĞİNİZ NELER YAPABİLİR?

Bu ayın sona ermesiyle birlikte, bebeğiniz aşağıdakileri yapabilecek durumda olmalıdır:

- Oturma pozisyonuna getirilmek üzere yukarı doğru çekildiğinde, başını vücudu ile aynı hizada tutmak (6. ay).
- 'A-gu' ve benzeri ünlü-ünsüz harf bileşimlerinden oluşan sesler çıkarmak.

Not: Bebeğiniz gelişimin kilometre taşı sayılan bu dönüm noktalarından bir ya da daha fazlasına ulaşmamışsa, çocuk doktorunuza danışmalısınız. Gecikme nadiren bir probleme işaret edebilirse de, birçok durumda bebeğiniz için bu normal olabilir. Genellikle erken doğmuş bebekler, dönüm noktalarına, yaşıtlarından daha geç ulaşırlar. Bu yeterlilikleri çoğunlukla, beklenen yaşlarında (normal doğum gerçekleşseydi, olmaları gereken yaşta) veya daha sonra elde ederler.

Bu ayın sona ermesiyle birlikte, bebeğiniz büyük olasılıkla aşağıdakileri yapabilecektir:

- Bacaklarıyla belli miktarda ağırlık kaldırmak.
- Destek olmadan oturmak (6. ay).

Bu ayın sona ermesiyle birlikte, bebeğiniz aşağıdakileri belki yapabilecektir:

- Birine ya da bir şeye tutunarak ayakta durmak.
- Kendisini bisküvi ile beslemek (5. ay).
- Oyuncağını almak istediğinizde karşı çıkmak.
- Ulaşamadığı oyuncağı elde etmek için uğraşmak.
- Küp ya da benzeri oyuncağı bir elinden diğerine geçirmek.

- Düşen objeyi aramak.
- Kuru üzümü ve benzeri küçük objeleri tırmıklamak ve avuçlamak (5. ay).
- Sesin geldiği yöne doğru dönmek.
- Ünlü ve ünsüz harfleri birleştirerek ga-ga-ga-ga, ba-ba-ba-ba, ma-ma-ma-ma, da-da-da-da gibi saçma sesler çıkartmak (6. ayla birlikte).

Bu ayın sona ermesiyle birlikte, bebeğiniz aşağıdakileri bile yapabilecek durumda olabilir:

- Oturma pozisyonundan ayakta durmaya geçebilmek için kendini öne doğru çekmek.
- Karından oturma pozisyonuna geçmek.
- Parmaklarını kullanarak küçük nesneleri eline almak.
- Bazı bebekler küçük, aynı zamanda büyük olasılıkla tehlikeli nesneleri avuçlarına alabilirler, bu sebeple bu tür şeylerin ulaşılabilir şekilde ortalıkta kalmamasına dikkat edin.

9. Ay

9 AYLIK BEBEĞİN GELİŞİM ÖZELLİKLERİ:

9. ayda bebek, **kendi adını** bilmekte ve "Hayır" kelimesini anlamaktadır. Mizah duygusuna sahiptir ve sizi güldürmekten haz duymaktadır. Yüzünü ve başını sizin yüzünüze bastırarak sevgi gösterilerinde bulunmaktadır, oyuncağı elinden alındığında sinirlenmektedir.

Bebek tanıdık oyun ve şarkıları ayırt etmeye başlamıştır. Uygun yerlerde gülüp, beklenen hareketleri yapmaktadır. İsmi söylendiğinde başını çevirmekte, yıkanmak için ellerini kaldırmaktadır. Ancak bezle yüzünün silinmesinden hoşlanmamakta ve yüzünü çevirmektedir.

BEDEN DURUŞU VE MOTOR BECERİLERİ:

- Yerde tek başına (desteksiz) 10-15 dakika boyunca oturabilir. *(Resim 41)*
- Dengesini yitirmeden yerde duran oyuncağı almak için öne doğru eğilebilir.
- Sallanan oyuncağa uzanırken ya da oyuncağı yerden alırken, gövdesini yanlamasına döndürebilir.
- Beşikte, bebek arabasında ve banyoda, tüm bedenini, kol ve bacaklarını oldukça etkin biçimde hareket ettirir.
- Yerde yuvarlanarak, bedenini bir yandan diğer yana döndürerek veya kıvrıla kıvrıla ilerler.

41. Yerde oturur ve oyuncaklarla oynarken ellerini ustalıkla kullanır.

42. Emeklemeye çalışır.

43. Desteğe tutunarak ayakta durur.

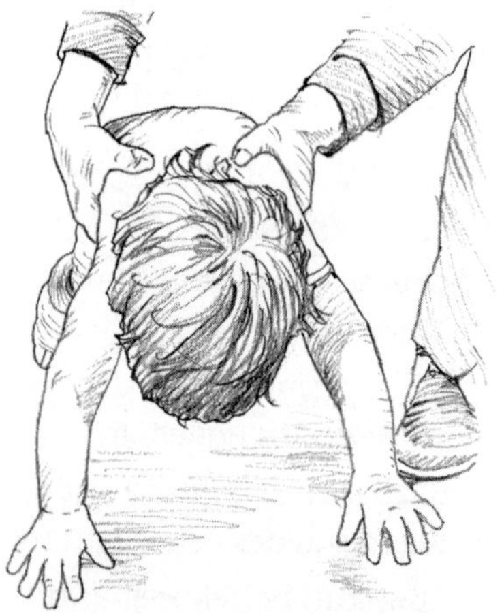

44. "Öne doğru paraşüt" duruşu görülür (yaklaşık 7 aylıktan itibaren).

- Emeklemeye çalışır: bazan çabaları başarıyla sonuçlanır. *(Resim 42)*
- Kendini yukarı çekip bir desteğe tutunarak bir süre ayakta durabilir, ama yeniden yere oturamaz. Geriye düşüp yere çarpar. *(Resim 43)*
- Ayakta tutulursa, önce bir ayağını sonra diğerini oynatarak amaçlı bir biçimde adım atar.

ALGISAL BECERİLERİ:

9 Aylık Bebek Neleri Görür?

- İnsanlara, nesnelere ve çevresinde olup bitenlere görsel açıdan büyük bir ilgi duyar.
- Kendisine uzatılan küçük bir oyuncağı (örneğin, tahta küp) kavrayabilmek için, bir eli önde hemen ona doğru uzanır. Nesnelerle canlı canlı, yoğun bir ilgiyle uğraşır, nesneyi bir elinden diğerine geçirir, altını üstüne çevirir, vs. Kendisine verilmeyen ama erişebileceği oyuncağa, özellikle de ilk kez gördüğü bir oyuncaksa, elleriyle yakalamadan önce değer verircesine, dikkatle bakar.
- Küçük misketleri, şekerleri işaretparmağıyla iter, kurcalar; aynı parmağını kullanarak daha uzaktaki nesneleri göstermeye başlar. *(Resim 45)*
- Oyuncağı kendine çekebilmek için ipi, makas kullanır gibi, parmakları arasında sıkıca tutar. *(Resim 46)*
- Başparmağı ve işaretparmağını kullanarak küçük bir şeker tanesini eline alır.
- Oyuncağı düşürerek ya da sert bir yüzeye bastırarak elinden bırakabilir, ama henüz kendi istemiyle yerine koyamaz.
- Bebek arabasının veya masanın kenarından yere düşenler

45. Misketi parmağıyla kurcalar, iter.

46. İpi, makas tutar gibi kavrar.

47. Tahta küpü alır ama yerine koyamaz.

48. Duyarlı bir yan görüş, dikkatli.

de dahil, oyuncağı elinden düşürdüğünde ve daha önce düşmüş oyuncakları ararken doğru yöne bakar.

- 3-3.5 m yakınındaki yetişkinlerin, çocukların ve hayvanların tüm etkinliklerini büyük bir ilgiyle dakikalarca izler.
- 3 m uzaklıktan, küçük topların bile yuvarlanışını izler.
- 3 m uzaklıktan, yukarı fırlatılan toplara gözlerini dikip ilgiyle bakar, ama dikkatini uzun süre yoğunlaştıramaz.

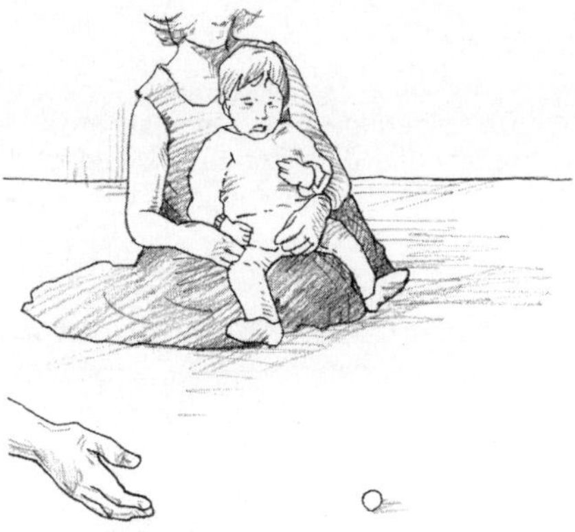

49. 3 m'den yuvarlanan topları izler.

9 Aylık Bebek Ne Duyar ve Söyler?

- Her günkü seslere, özellikle insan sesine büyük bir istekle ilgi gösterir.
- İlgi çekmek için ***bağırır***, dinler ve sonra yine bağırır.
- "Yoo, hayır" ve "güle güle" sözlerini anlar.
- Neşeyle, oyunumsu (cıvıl cıvıl) sesler çıkararak yetişkinleri taklit eder (örneğin; dudaklarını şapırdatma, öksürük, gibi). *(Resim 50)*
- Kulak düzeyinin üstünde ve altında kulağa yaklaşık 1 m

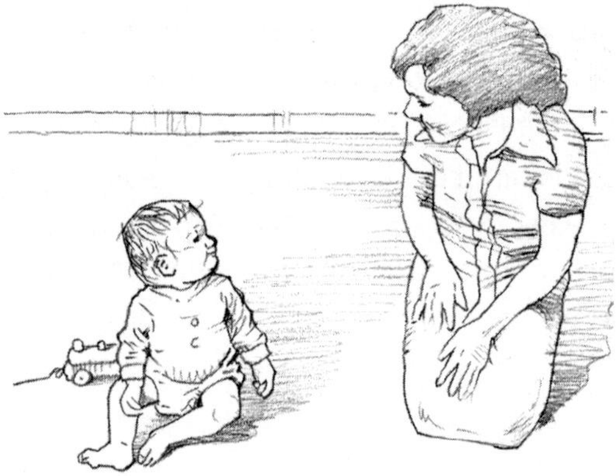

50. Çevresindekilerin şen, oyunumsu seslerini büyük bir zevkle taklit eder.

51. Kulak düzeyinden yukarıda ve aşağıda, yanlardan gelen seslerin yerini hemen belirleyebilir.

52. Tam ortadaysa, ses kaynağını duyar, ama yerini bulamaz.

uzaklıkta uygulanan işitme testlerinde, ses kaynağının yerini hemen belirler; ama ses kaynağı yanlarda değil de tam ortadaysa (örneğin, başının tam üstünde) başarılı olamaz. (Kısa bir açıklama: İşitme engelli çocuğun sesli ifadeleri ilkel bir gelişim düzeyinde kalır ve genellikle bu heceleme – sesleri uyum içinde yineleme – aşamasına ulaşamaz. 8-9 aylıktan sonra, yetersiz/anlamsız ya da tekdüze sesli ifadeler her zaman kuşku uyandırmalı ve bu nedenle anne-baba çocuk hekimine başvurmalıdır.) *(Resim 51-52)*

SOSYAL BECERİLERİ VE OYUN:

Daha önce de belirtildiği gibi 7.-9. aylar arasındaki dönemde bebek, özel bir bağlılık geliştirdiği anneden ayrı kaldığında, bu duruma karşı çıkar. Bebeğin annesinden ayrılırken gösterdiği bu tepki tek bir kişiye olan kuvvetli bir bağın kanıtıdır ve bu tepkiye "**Ayrılık Endişesi**" adı verilir. 8.-12. ayları arasında bebek, yabancılardan korkmaya başlar.

- Yabancılarla tanıdık kişiler arasında belirgin biçimde ayrım yapar ve onların ilgili, sevecen yaklaşımlarını kabullenmeden önce güven duygusuna gereksinim duyar; tanıdığı yetişkine tutunup yüzünü gizler.
- Bisküviyi (küçük çörek, kraker, vs.) tutar, ısırır ve çiğner.
- Beslenirken, şişeyi veya bardağı elleriyle kavrar.
- Yemek yedirilirken kaşığı tutmaya çalışır.
- Kızdığında ya da herhangi bir şeye karşı koyduğunda, çoğunlukla birtakım sesli ifadelerle karşı çıktığını belirterek, gövdesini geriye atıp gerilir.
- Hâlâ her şeyi ağzına götürür.
- Çıngırağı tek eliyle kavrar; çıngırağı sallayarak veya masaya vurarak zil çalma eylemini taklit eder, (bazen) sesi çı-

53. Çıngırağı sapından kavrayıp zil çalma eylemini taklit eder.

karan parçacığı kurcalar veya çıngırağın oyuk kısmından bir şey "içiyormuş gibi" yapar. *(Resim 53)*

- Oyuncağı eliyle kavrayıp yetişkine uzatır, ama henüz yetişkinin avucuna koyamaz.
- Oyuncak, bir bölümü görünür biçimde yastığın ya da örtünün altına saklanırken izler ve oyuncağı bulur. *(Resim 54-55)*
- Bardak ya da yastık altına tümüyle gizlenen oyuncağı büyük bir olasılıkla bulur. Bulamazsa duygusal kırıklık yaşar. *(Resim 56-57)*
- Anne dizi üstünde bebeği giydirirken sürekli olmamakla birlikte ona destek verir.
- Kucakta taşınırken, annenin kolunda güven içinde, dimdik oturur. Çevresine bakmak için başını çevirir.

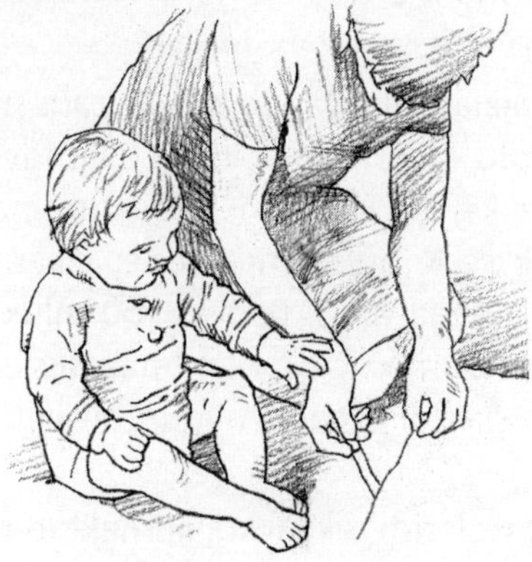

54. Oyuncağın bir bölümü gizlenirken izler.

55. Ve hemen onu bulur.

56. Oyuncak tümüyle saklanırken izler.

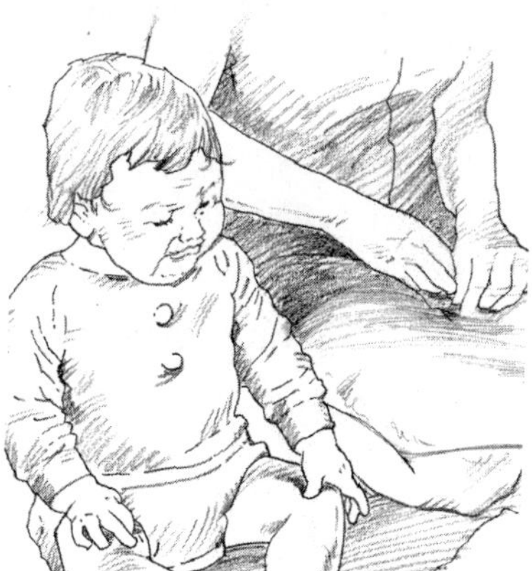

57. Bulamadığında bu duruma canı sıkılır.

DİL GELİŞİMİ:

9 aylığa doğru, hecelemeler bebeğin ana dilinin özelliklerini taşımaya başlar. 9. aydan itibaren ma-ma gibi iki hece ve ritmik ses kombinasyonlarının taklidi görülür.

Bu dönemde bebek, dostça yaklaşımlarda veya kızıp canı sıkıldığında kişiler-arası iletişim yolu olarak amaçlı bir biçimde, belirli bir anlam taşıyan sesler çıkartır. Heceleri birbiri ardına uyum içinde yineleyerek, yüksek sesle anlaşılmaz sesler çıkarır (örneğin; da da, ma ma, adaba, agaga gibi). Bebek, çoğunlukla kendi kendine eğlenmek, oyalanmak için anlaşılmaz sesler çıkarır, ama bunu aynı zamanda (kendi seçtiği) uygun bir iletişim yolu olarak benimser.

Bebeğiniz "ba", "da", "ka" seslerini sıkça kullanmaktadır. Düşük ve yüksek çeşitli frekanslarda ve genizden sesler çıkarabilmektedir. Dil ve dudaklarıyla oyunlar oynayabilmekte ve sesini sizin dikkatinizi çekmek için kullanabilmektedir. 32. haftada heceler usta bir şekilde birleşir ("baba", "dede" gibi).

40. haftada belki anlamlı bir kelime kullanabilir, 48. haftada bunu kesinlikle başarır.

Söyleneni anlama hızla gelişir, 40. haftada birçok bebek "Hayır"ı anlar. Ayrıca basit bazı talimatlara uyabilir. Müzik oyunları oynayabilir ve "mö", "miyav", "hav" gibi hayvan seslerini taklit edebilir.

- Çocuğunuzla birlikteyken "burada", "orada" kelimelerini kullanın. Fiilleri hareketlerle göstererek anlatın.
- "Altında", "üstünde", "arkasında" vb. sözleri sıklıkla kullanın. Çocuğunuz, bunları anlamlı kullanmasa da, büyük olasılıkla önceden öğrenmiştir.
- Dil gelişimi sürekli olmayabilir. Kesintiye uğrayıp, devam edebilir. Çocuğunuza anlayış gösterin ve başka çocuklarla kıyaslamayın. Dil gelişimi her çocukta farklı düzeydedir.

BİLİŞSEL GELİŞİM:

9 aylık bebek bilişsel gelişim açısından önemli bazı atılımlarda bulunur. **Nesnenin sürekliliğini anlar.** 6 aylıktan küçük bebekler, yastık altına saklanan bir nesneye ilgi göstermezler. Çünkü, onlara göre bir nesne görünmez olduğunda, artık varlığını bütünüyle yitirmektedir. Oysa 9 aylık bebek saklanmış olan nesneyi aramaya başlar. **İlk kez tümüyle zekâlı davranışlar görülür.** Bebek bu evrede **ilk kez amaçlı bir eyleme geçer;** engeli kaldırmak için, bilinen bir davranış biçimi kullanır. Daha önceleri yastığın arkasında bulunan saati almak için ona vururken, artık yastığa vuracağına, onu iter veya doğrudan doğruya yastığın yerini değiştirir.

ÇOCUĞA NASIL YARDIMCI OLUNABİLİR?

- ***Çocuğunuza iyi bir konuşma modeli oluşturabilmeniz için açık, yavaş, anlaşılır konuşun ve beden dilinizle ifade ve jestlerle destekleyin.***
- Zaman zaman siz de onun söylediklerini tekrar edin. Size bakıp gülecek, böylece konuşmayı öğrenme ikiniz için de oyun halini alacaktır.
- Ancak onu tekrar ederken, çoğunlukla normal-doğru şekilde konuşmayı ihmal etmeyin. Anlamlı bir sözcük söylediğinde onu tekrar edip, memnuniyetinizi belirtin ve onu kucaklayın.
- Çocuklar ancak sözcükler bir anlam taşıdığı takdirde konuşabilirler. Bu nedenle sözcüklerin anlamlarını resim, jest, hareket vb. ile geliştirip destekleyerek açıklayın.
- Onu onayladığınızı göstermek için gülümseyin, oyun ve hikâyeleri kahkahalarla, şakalarla zenginleştirerek mizah duygusunu geliştirin.
- Onu diğer bebeklerle tanıştırın ve zaman zaman bakıcısı, büyükanne veya pek iyi tanımadığı kişilerle kısa süreli yalnız kalmasını sağlayın. Kendisiyle anneden başka ilgilenen olmadığı takdirde, bebek tek bir kişiye bağımlı olacak ve bağımsızlığını geliştirmede zorlanacaktır.
- Sosyal davranış kalıplarını geliştirin. Yanından ayrılırken onu öpün ve "Allahaısmarladık" deyin, yanına geldiğinizde de onu özel bir şekilde selamlayın.
- Önüne naylon önlük bağlayarak, bol bol su oyunu oynayın. Ona doldurup, boşaltıp, dökerek oynayabilmesi için kap, sürahi ve kavanozlar verin.
- Oyuncaklarını ulaşamayacağı bir yere koyarak sorduğunda geri verin.
- Bedenini kullanabileceği oyunlar üretin.

- Bebeğinizin yaşamı algılaması için, günlük alışkanlıkları belirtin. Neler yaptığınızı açıklayın – "öğle yemeği. Önce mama önlüğünü takalım, sonra sandalyene otur ve annen yemeğini getirsin, mm... harika bir öğle yemeği..."
- Gürültülü, ses çıkaran oyuncaklar alın ve/veya bebeğinizin güvenli bazı mutfak eşyalarıyla oynamasına izin verin.
- Günlük alışkanlıkları düzenlerken, öğünler, banyo zamanı, uyku zamanı gibi dilimleri kullanarak, bebeğinizin yaşamı, gün bazında algılamasını sağlayın.
- Bebek sırtüstü yatarken oyuncağını sallayarak onun dikkatini çekin. Oyuncağı giderek çocuktan uzaklaştırın. Böylelikle bebeğin oyuncağı alabilmek için oturur pozisyona gelmesini sağlayın. Gerekirse oturur duruma gelmesi için yardım edin. Bebek, oyunu doğru olarak yaptığında ödüllendirin ve oyuncağı verin.*
- Bebekle oynarken oyuncağını onun erişebileceği yükseklikteki bir yere, örneğin koltuğa koyun. Ardından oyuncağı alabilmesi için onu cesaretlendirin. Gerekirse tutunarak ayağa kalkmasına yardımcı olun. Bebek, koltuğa tutunarak ayağa kalktığında alkışlayın.
- Bebeğin yere koyduğu küçük nesneleri tek tek alarak kutunun içine atın. Çocuğun ilgisini çekmek için de kutuyu birkaç kez sallayarak ses çıkartın. Bebeğe kutuyu verin ve içindekileri yere boşaltmasını isteyin. Boşaltmıyorsa ona yardım edin, örnek olup birkaç kez gösterin. Bebek, kutunun içindeki nesneleri kendi başına boşalttığında ona güzel sözler söyleyin, alkışlayın.
- Bebeğin karşısına oturun ve ortaya desensiz bir örtü veya kâğıt koyun. Üzerine üzüm tanesi büyüklüğündeki nesneyi koyun ve ona göstererek almasını isteyin. Bebeğin nesneyi alırken baş ve işaretparmaklarını kul-

lanmasını sağlayın, yapamıyorsa ona bu şekilde tutması için yardım edin. Bu oyun, oluşabilecek tehlikeleri önlemek için anne-baba gözetiminde oynanır.

- Yemeğini kendisinin yemesine izin vererek bağımsızlık duygusunu geliştirin. Bebeğe yemek yedirirken bir kaşık da bebeğin eline verin. Bebeğin ağzına bir kaşık yemek verdikten sonra, onun da elindeki kaşıkla yemeği alıp ağzına götürmesi için onu cesaretlendirin. Çocuğa bu oyunu oynarken yardım edin, başarılı olduğunda onu ödüllendirin.
- Bebekle oyun oynarken onun elinde oyuncak olduğu bir sırada elinizi uzatarak "bana bebeğini ver" deyin. Bebek, oyuncak ya da nesneyi vermemekte ısrarlıysa bir süre bekleyin ve sonra yeniden isteyin. Bebek, elinde tuttuğu oyuncağını istediğinizde verdiyse onu ödüllendirin.
- Parlak renkli nesneyi bebeğe vererek bir süre oynamasını sağlayın. Sonra nesneyi bebekten alarak ucu görünecek bir şekilde örtünün altına koyun. Çocuk örtüyü kaldırıp altındaki oyuncağı bulursa ödüllendirin, bulamazsa oyuncağı örtünün altından çıkarıp gösterin ve tekrar aynı şekilde saklayıp bebeğin bulmasını isteyin.
- Bebeği kucağınıza alıp ayna karşısına oturun. Bir kendinizin bir bebeğin ismini söyleyerek ve göstererek bebeğin dikkatini çekin. Bebeğin kendisini aynada göstermesini isteyin. ("Ayşe nerede?") Bebek kendisini doğru yerde gösterdiğinde onu ödüllendirin. Yardım gerekiyorsa soruyu tekrar sorun ve önce kendinizi gösterip, sonra soruyu yine tekrar ederek bebeğin kendisini göstermesini sağlayın.

---

* *Okulöncesi Eğitim Programları. T.C. Milli Eğitim Bakanlığı. Okulöncesi Eğitimi Genel Müdürlüğü, İstanbul: M.E.B. yayınları, 1994.*

9. AYDA BEBEĞİNİZ NELER YAPABİLİR?

Bu ayın sona ermesiyle birlikte, bebeğiniz aşağıdakileri yapabilecek durumda olmalıdır:

- Ulaşamadığı oyuncağı elde etmek için uğraşmak.
- Düşen objeyi aramak.

Not: Bebeğiniz gelişimin kilometre taşı sayılan bu dönüm noktalarından bir ya da daha fazlasına ulaşmamışsa, çocuk doktorunuza danışmalısınız. Gecikme nadiren bir probleme işaret edebilirse de, birçok durumda bebeğiniz için bu normal olabilir. Genellikle erken doğmuş bebekler, dönüm noktalarına, yaşıtlarından daha geç ulaşırlar. Bu yeterlilikleri çoğunlukla, beklenen yaşlarında (normal doğum gerçekleşseydi, olmaları gereken yaşta) veya daha sonra elde ederler.

Bu ayın sona ermesiyle birlikte, bebeğiniz büyük olasılıkla aşağıdakileri yapabilecektir:

- Oturma pozisyonundan ayakta durmaya geçebilmek için kendini öne doğru çekmek (9. ayla birlikte).
- Karından oturma pozisyonuna geçmek (9. ayla birlikte).
- Oyuncağını almak istediğinizde karşı çıkmak.
- Birine ya da bir şeye tutunarak ayakta durmak.
- Parmaklarını kullanarak minik nesneleri eline almak (9. ayla birlikte).
- Gelişigüzel bir biçimde anne ya da baba demek.

Bu ayın sona ermesiyle birlikte, bebeğiniz aşağıdakileri belki yapabilecektir:

- Ellerini çırpmak.
- Mobilyaya tutunarak yürümek.

- "Hayır" sözcüğünü anlamak (ancak buna her zaman uymamak).

Bu ayın sona ermesiyle birlikte, bebeğiniz aşağıdakileri bile yapabilecek durumda olabilir:

- Top oynamak (topu size yuvarlayarak geri göndermek).
- Bağımsız bir biçimde, bardak kullanarak su içmek.
- Başparmak ve işaretparmaklarının uçlarını kullanarak, minik bir nesneyi başarılı şekilde kaldırmak.
- Kısa bir süre için yalnız başına ayakta durabilmek.
- Ayakta yalnız başına, çok iyi bir şekilde durmak.
- Anne veya baba dışında bir sözcük daha söylemek.
- El ve kol hareketleri ile ("onu bana ver" – göstererek) verilen basit komutlara karşılık vermek.

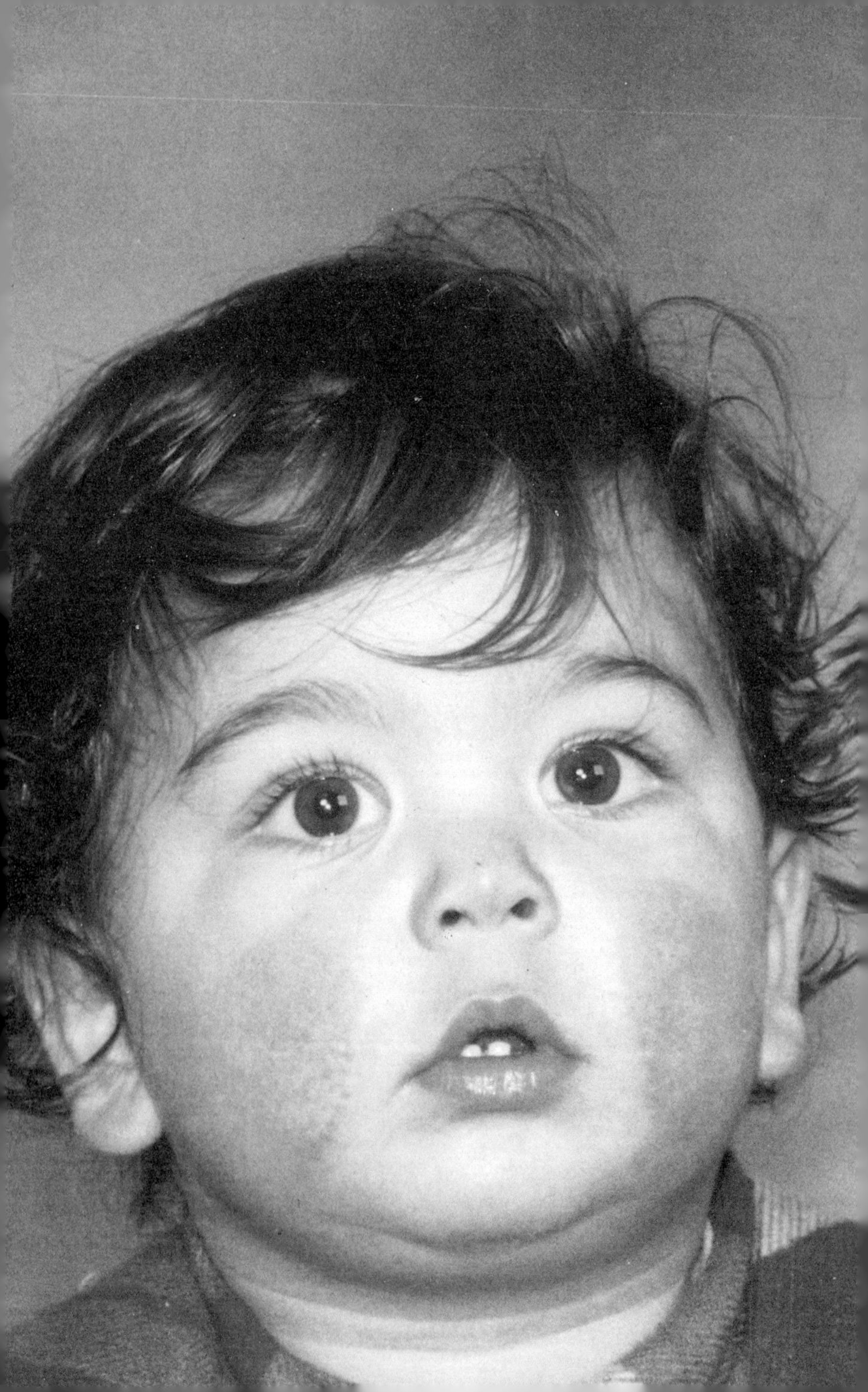

12. Ay

12 AYLIK BEBEĞİN GELİŞİM ÖZELLİKLERİ:

Bu yıl içinde çocuk büyük bir gelişim gösterir. Daha çok hareket eder hale gelir ve **anlama, kavrama, iletişim becerilerinde büyük ilerlemeler görülür.** İlk bağımsız adımları, ilk sözcükleri, ilk yaratıcı oyunları hep 1 yaş dolaylarında başlar ve kişiliği daha açıkça görülür hal alır. **Anlamlı iki veya üç sözcük** söyleyebilen çocuk, konuşmaya başlamakla kalmaz, bunun yanında; bağırmak, garip sesler çıkarmak, işaretler yapmak, gülmek, ağlamak gibi duygularını ifade edebileceği çeşitli yollar bulur.

Söyleyebildiğinden daha fazlasını ***anlar*** ve eşyaların nerede olduğunu gösterebilir ya da bildiğini ima eder. Ayrıca ***bedeninin bölümlerinin adlarını*** bilir ve sahip olduğu el becerisi, kendi işlerini görmeye başlamasına olanak sağlar.

İlk doğum günüyle birlikte bebek, objelere ulaşıp onları kaldırabilir ve tek ya da iki elini de kullanarak onları inceleyebilir, itebilir veya fırlatıp atabilir. Başparmak ve işaretparmağını bir kıskaç gibi kullanarak **küçük objeleri tutabilir** ve işaretparmağını bir şeyi dürtmek veya göstermek için kullanabilir. Ayrıca bazı objeleri diğerlerinin içine veya üzerine koyabilir. Kitapta bir objeyi fark edip size gösterebilir; **basit soruları anlamaya başlar.**

1 yaşındaki bebek **yürüyebilir** ve sürekli artan hareketliliğiyle yakalama alanına giren her şeye uzanıp, **keşfedebilir**. Sınırsız meraka sahiptir ve tüm duyularını tatmin edecek öğrenme ve keşfetme deneyimleri yaşayabilmesi için; sizin sağlayabileceği-

niz zengin ve güvenli ortamlara ihtiyaç duymaktadır. El kontrolü geliştikçe inşa edebileceği, kümeler haline getirebileceği, boşaltıp-doldurabileceği, yanyana dizebileceği oyuncaklar ister. Bunun yanında fiziksel yeteneklerini geliştirebilecek ve güven duygusunu artıracak büyük oyuncaklarla oynaması yararlıdır; itebileceği, çekebileceği, sürebileceği ve üzerine binebileceği oyuncaklar gibi... Bebek artık bir birey olarak varolduğunun da farkına varmaya başlamaktadır. Ailenin diğer fertlerinin yaptıklarını taklit ederek davranış kalıplarını öğrenmekte ve günlük yaşamın farkına varmaya başlamaktadır. Ayrıca; otobüse, trene binme, aile-arkadaş ziyaretleri gibi çeşitli deneyimleri yaşamaya ihtiyaç duymaktadır.

Bu dönemdeki eğitim biçimi, onunla kurulan duygusal iletişim, çocukta güven ya da güvensizlik duygularının oluşumuna neden olur. Hayatın ilk yılında bebeğin psiko-sosyal görevi güvenmeyi öğrenmektir. **Bebekle annesi arasındaki ilişkiden doğan güven duygusu, insanın ileride kuracağı bireylerarası ilişkilerin temelini oluşturur**. Bebek için anne dünyanın tamamıdır. Anne gülümsedikçe bebek de gülümser ve karşılıklı sıcak bir ilişki başlar. Bebeğin gereksinimlerine annenin yerinde ve zamanında yönelebilmesi, onun sıkıntılarını giderebilmesi, sözsüz dilini anlayabilmesi anneyle bebek arasında kurulan karşılıklı anlayış ve güvenin temelini oluşturur. **Kısaca Erikson'a göre, ilk 12 aylık dönem içinde çocuğun temel bağımlılık gereksinimleri karşılanmışsa, o kendini kişilik gelişimi için ikinci evreye hazır hisseder**. Tam tersine, bu gereksinmeler yeterince karşılanmamışsa, çocuk diğer evrelere geçemeyebilir. Bebekte bu duyguyu doyurmayan anneler, kendine güveni olmayan kişilerin yetişmesine ortam hazırlar.

BEDEN DURUŞU VE MOTOR BECERİLERİ:

- Yerde uzun süreli oturur; oturuşu oldukça gelişmiştir.
- Yatar konumdan oturma konumuna geçebilir.
- Elleri ve dizleri üstünde emekler, kalçası üzerinde kendini sürükleyerek ilerler.
- Koltuğa (bir desteğe) tutunarak kendini yukarı çekip ayağa kalkar ve yeniden yere oturabilir.
- Tek ayağını kaldırıp yana doğru adım atarak mobilyanın çevresinde yürür.
- Tek eli veya her iki eli tutulduğunda öne doğru ve yanlamasına yürüyebilir. *(Resim 58)*
- Bir süre (birkaç dakika) tek başına ayakta durabilir.
- Tek başına, desteksiz yürüyebilir.
- Emekleyerek merdivenlerden yukarı çıkabilir (Yaklaşık 13.-14. ay dolaylarında).

58. Bir elinden tutulursa yürür.

59. Emekleyerek, yuvarlanan topa ulaşmaya çalışır.

ALGISAL BECERİLERİ:

12 Aylık Bebek Neleri Görür?

- Şeker, kırıntı (ekmek kırıntısı), sicim gibi küçük ve ince nesneleri, başparmağı ile işaretparmağının ucu arasına yerleştirip iyice gelişmiş kıskaçlama kavrayışıyla eline alır.
- Oyuncakları bilerek düşürür ve ileriye atar; yere düşüşlerini izler.
- Gözden kaybolan oyuncakları ararken doğru yöne bakar.
- Tutmak istediği nesneleri ya da çevresinde olup bitenlerden ilgisini çekenleri işaretparmağıyla gösterir.
- 3 m uzaklıkta, odanın diğer yanında yerde sürüklenen oyuncağı izler.
- Dışarı çıkarıldığında, insanların, hayvanların, otomobillerin hareketlerini daha uzun süreli bir dikkatle izler.
- 6 m'den ya da daha uzaktan kendisine yaklaşan tanıdığı kişileri ayırt edebilir.
- Her iki elini serbestçe kullanır, ama kimi zaman birini yeğleyebilir.
- Resimlere ilgi göstermeye başlar.
- İlkel "üç parmak" kavrayışıyla her iki elinde, aynı anda, birer tahta küp tutar ve küpleri birbirine vurur.
- 3 m uzaklıktan, yuvarlanan ve yukarı fırlatılan topları izler.

12 Aylık Bebek Neyi Duyar ve Söyler?

- Kendi ismini bilir ve seslenildiğinde hemen döner.
- Ses tonunda, sanki biriyle konuşuyormuş gibi birtakım iniş-çıkışlar yaparak, yüksek sesle, anlaşılmaz ifadelerle hiç durmadan konuşur.

- Sesli anlatımlarında sesli harflerin büyük bir bölümünü ve pek çok sessiz harfi kullanabilir.
- Uygun davranış ve tepkilerle, günlük konuşmalarda sık sık kullanılan çeşitli sözcükleri anladığını belli eder (örneğin; kendi ismi, aile bireylerinin isimleri, bardak, kaşık, top, araba, yemek, yürüme, pisi pisi vs).
- El-kol hareketleri eşliğinde dile getirilen basit emirleri ve sözleri anlar (örneğin; "onu babaya ver", "güle güle de", "ellerini çırp" vs).
- Yetişkinlerin oyun amacıyla çıkardıkları neşeli sesleri ve zaman zaman bazı söz kalıplarını coşku dolu bir istekle taklit eder.
- İstenildiği zaman, kaşık, bardak, top, ayakkabı gibi, kullanımı oldukça yaygın bazı nesneleri yetişkine uzatabilir. "**Kullanarak tanımlama**" davranışını sergiler. *(Resim 61)*

60. Çevresindeki kişinin sesine doğru tümüyle döner.

61. Alışılmış bazı nesneleri "kullanarak tanımlama".

62. En küçük şiddetteki çıngırak sesine döner.

63. Aynı ses yinelendiğinde, ilgisini çok çabuk yitirir.

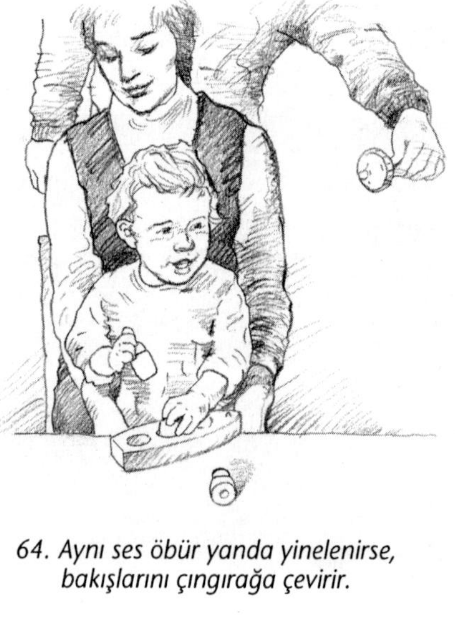

64. Aynı ses öbür yanda yinelenirse, bakışlarını çıngırağa çevirir.

SOSYAL BECERİLERİ VE OYUN:

1 yaşından itibaren çocuk; boşlukların içine uygun şekilleri atmayı, çeşitli legoları dizerek kuleler yapmayı, objeleri diğerlerinin içine koymayı, eşyaları vida gibi döndürerek hareketler yapmayı öğrenir.

Çocuk, toplantılardan çok zevk almakta, sohbetleri dinlemekte, söz aralarında sesler çıkarmaktadır. Anlamlı bir veya iki sözcük söyleyebilmekte, sorular sormakta, dolaylı yollarla teşekkür edebilmekte ve "Hayır" dendiğinde yapacaklarından vazgeçebilmektedir.

İlk doğum günüyle birlikte bebek, annesine ya da kendisiyle ilgilenen diğer yakın kişiye bağlanabilir ve onsuz kaldığında büyük üzüntü yaşayabilir. Birebir ilişkiye her şeyden çok ihtiyaç duyar ve yabancılara karşı korku tepkisi gösterebilir. Günlük alışkanlıklar, kendini güvende hissetmesine, değişiklikler ise huzursuz olmasına yol açar. 11. ayda bebek kendine herhangi bir şeyi rahatlatıcı nesne olarak seçebilir. (Bazı çocuklar bir oyuncak veya örtü benzeri şeylere bağlanırlar. Daha sonra bu, gidilen her yere götürülmesi istenen, onsuz olunamayan kişisel eşya haline gelebilir.)

- Yardıma çok az gereksinim duyarak bardaktan içebilir. Yumuşak besinleri çiğner.
- Kaşığı tutar, ama henüz kendi başına kullanamaz.
- Giyinirken (elbise, ayakkabı, kazak vs), kolunu ve ayağını uzatarak giydirene yardımcı olur.
- Nesneleri daha seyrek ağzına götürür.
- Salya akışı durur.
- Kendisine gösterildiğinde, tahta küpleri bardağın, kutunun içine koyabilir, dışına çıkarabilir.
- Çoğu kez kendiliğinden ve taklit edercesine kaşığı fincanın içinde karıştırarak tıngırdatır.
- Çıngırağı sapının ucundan kavrar ve hareketli bir biçim-

65. Çıngırağı dikkatlice bütünüyle inceler.

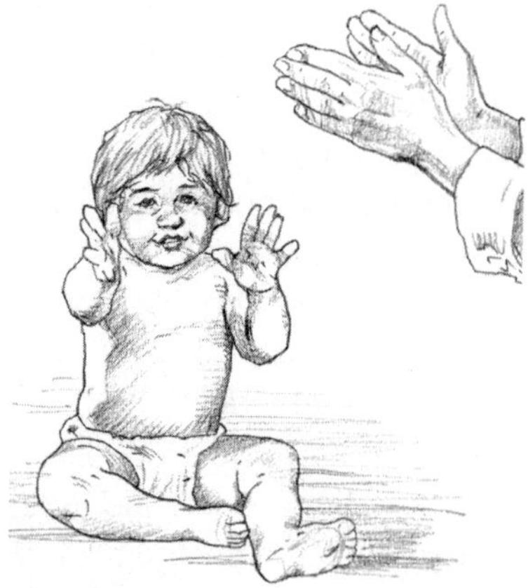

66. El çırpma oyunu oynar.

de çalar; ellerini büyük bir ustalıkla kullanarak çıngırağı tüm yönleriyle inceler. *(Resim 65)*

- Ses çıkaran nesneleri/oyuncakları mutlu bir şekilde dinler; aynı sesi çıkarabilmek için uygun davranışı yineler.
- İstenildiği zaman, hatta bazen kendiliğinden oyuncakları yetişkine verebilir.
- Gözünün önünde saklanan oyuncakları süratle bulur. *(Resim 67-68-69)*
- Sürekli olarak, tanıdığı yetişkinin kendisini görebileceği ve duyabileceği bir yerde bulunmaktan hoşlanır.
- Tanıdıklarına sevecen bir biçimde yaklaşır, sevgi gösterir.
- İstenildiğinde, el-çırpma oyunu oynayabilir, "güle güle" anlamında el sallayabilir; el sallamayı bazan kendiliğinden yapar. *(Resim 66)*
- Annesi giydirirken, desteksiz oturabilir ya da kimi zaman ayakta durabilir.

67. Oyuncağın fincanın altına saklanışını izler.

68. Dikkatle bakıp fincana uzanır.

69. Oyuncağı hemen bulur.

DİL GELİŞİMİ:

Bebek kendi çıkardığı sesleri tekrarlar. Hece kalıplarını birbiri ardına sıralar (ma, ma). Seslerin sayı ve çeşitlerinde gelişme görülür. Zaman zaman anlamsız, kendine özgü sesler çıkarır. Bu sesler, onun kendine ait bir lisanı olduğunu düşündürür. O sizinle sohbet eder, bazı sözcüklerinizi anlar ve bir-iki tanesini kullanabilir. **12. ayda ilk anlamlı sözcükler dikkati çeker. İlk sözcükler; tutarlı biçimde, belirli bir anlam içeren seslerin kullanılmasından oluşur.** Anlamlı sözcük çocuğun belirli bir durumda, belirli kişi veya nesneye karşı kullandığı sözcüktür. İlk anlamlı sözcükler, anlamı çok kesin olmamakla birlikte geniş kapsamlı hecelerdir. Örneğin du-du "su ver" anlamına gelebilir.

Dil öncesi evredeki bebekler sözel olmayan ve sesli yollarla iletişim kurarlar. Bununla birlikte dil, ilk olarak, bir sözcüğün karmaşık bir anlam dile getirecek biçimde kullanıldığı – çok anlam içeren cümlecikler – tek sözcükler halinde görülmeye başlar. Örneğin "süt" sözcüğü, "Biraz daha süt istiyorum" ya da "sütümü döktüm" anlamına gelebilir. Yetişkinler, çocuğun sözlerine bir anlam vermeye, ayrıntıları da dikkate alarak duruma uygun bir yorum kazandırmaya çalışırlar. Araştırmalar, ilk sözcüklerin genellikle, "top" veya "araba" gibi hareket halindeki nesnelerden oluştuğunu ortaya koymaktadır.

Dil gelişiminin şekli tüm çocuklar için aynıdır. Öğrenmenin derecesiyse, çocuğun çevresine, organik yapısına, zihinsel kapasitesine ve gelişim hızına bağlıdır.

Sesler, belirli bir kavramın karşılığında kullanıldığında, bazen konuşanla işiten için aynı anlama gelir ve herkesin kabul ettiği bir sözcük olur. Örneğin, gerçek sözcük yerine sembolleri kullanmaya başlayan bir çocuk, araba yerine "düt", tren yerine "çuf çuf", gezmek yerine "atta" diyebilir.

Yetişkinlerin çocuğun bu sembollerini benimsemeleri, hatta birlikte kullanmaya başlamaları, sembollerin yerini gerçek sözcüklerin almasını geciktirebilir.

İlk sözcükler, çocuğun işittiği bazı sözlerin sadeleşmiş bir taklididir. Çocuktaki fizyolojik olgunluğun yetersizliği nedeniyle bazen bu taklitlerin çocuğun söylemeye çalıştığı sözcüklerle çok az bir benzer yanı vardır.

Ma-ma, da-da, baba gibi sözcükleri söylemeye başlayan çocuk, bazı basit emirleri de anlamaya başlar. Örneğin burnunu, kulağını göster gibi. "Hayır" sözcüğünü ve "bana ver", "bak" gibi bazı basit talimatları anlayabilir. İstediği şeyleri işaret edebilir ve kitaplardaki resimlerde tanıdık objeleri ayırt edebilir.

Konuşmaya zihinsel hazırlık, motor hazırlıktan sonra gelir. Yani dil, dudak, gırtlak gibi konuşma organlarının gelişiminin belli bir olgunluğa erişmesinden sonra zihinsel hazırlık oluşur. Beyin, çocuğun geçmişte olan olayları hatırlayabileceği ya da o olaylarla şimdikiler arasında ilişki kurabileceği kadar gelişmedikçe, çocuk zihinsel olarak konuşmaya hazır değildir. **Konuşmaya hazır oluş çoğunlukla 12-18 aylık çocuklarda görülür.** Bu dönem çocukta "**öğretilebilir evre**" olarak kabul edilir.

Gelişim döneminin başlarında sözcük dağarcığındaki artışın ayda 1-2 sözcük ilavesi şeklinde yavaş olduğu gözlenir.

Sözcükleri doğru telaffuz etmeyi öğrenebilmek için en etkili yöntem, bir modeli taklit etmektir. Çocuklar konuşmayı yalnızca başkalarından duydukları seslere uyma ve taklitle değil, sözcüklerin ihtiyacı olan anlamlarını kavramayla öğrenirler.

Bazı özel sesleri taklit etmeden önce çocuk, seslerin ahenk ve değişmelerini taklit eder. Taklit etmeye hazır oluş 1 yaşın sonunda başlar. Seslerin doğru taklit edilmeleri yavaş ilerler.

Çocuk bazı sözcüklerin belli anlamları olduğunu bilmedikçe, sözcükleri gerçek anlamlarıyla birleştiremez. Çocuk bu sesleri objeler ve durumlarla birleştirmeyi öğrenir. Örneğin, anne, çocuğa bir bebek verirken bir sözcük söylerse, bir süre sonra çocuk bu sözcüğü bebeğin sembolü olarak görmeye başlar.

Çocuk 1 yaşındayken yetişkinin belli kişi ve nesneler için kullandığı sözcükleri hatırında tutmaya başlar. Örneğin, çocuk, babasına baba diye hitap etmeyi öğrendiğinde, belli sözcükleri belli anlamlarla birleştirebilinceye kadar bütün erkeklere "baba" der.

BİLİŞSEL GELİŞİM:

İlk kez tümüyle zekâlı davranışlar görülür. Yeni araçlar keşfeder, kendi kendine yemek yeme denemelerine girişir. Tekrarlanan hareketlerde değişiklik yapmaya başlar. **Çocuk bazı nesneleri ele alırken sahip olduğu davranışları olduğu gibi tekrarlamaz, bu davranışları sıralar, değiştirir, deneyerek yeni yollar bulur**. Bir örtü üzerindeki bir nesneyi doğrudan doğruya yakalayamaz, örtüyü yakalarken nesneyi salladığını görür ve nesneyi çeker. 1 yaş çocuğu, deneme yanılma yoluyla, vurmak, sallamak gibi sahip olduğu hareket biçimlerini, bir nesneyi kendine çekmek şeklindeki hareket biçimine bağlı olarak değiştirebilir. Bunlar bebeğin dış dünyayı tanımaya ve anlamlandırmaya yönelik çabalarıdır.

ÇOCUĞA NASIL YARDIMCI OLUNABİLİR?

- Bebeğin otururken ve oynarken çoraplarını ayağından çıkarmasını izleyin.
- Bebek oturur durumda oyun oynarken sevdiği oyuncağını alması için ona uzatın ve ayağa kalkarak alması için onu cesaretlendirin. Eğer bebek kalkamıyorsa elinizi ona uzatarak kalkmasına yardımcı olun.
- Bebek oyun oynarken ona yakın bir mesafeden sevdiği oyuncağını uzatın ve yanına gelerek almasını isteyin.
- Bebekle birlikte karşılıklı oturun ve önüne dar ağızlı kabı ve boncukları koyun. Önce siz bir tane boncuğu dar ağızlı kaptan içeri atarak model oluşturun. Sonra bebekten aynısını yapmasını isteyin. Bebeğin eline boncuğu verin ve bebek boncuğu kaptan içeri attığında onu ödüllendirin (Bunu ona, güzel sözler söyleyerek, alkışlayarak ya da başını okşayarak yapabilirsiniz).
- Bebeğin anne-babadan başka, iki üç sözcük kullanıp kullanmadığını gözleyin. Yeni ve değişik sözcükler kullanabilmesi için bebekle her fırsatta konuşup onunla oynayın. Şarkı söyleyin, hikâye anlatın.
- Bebeği, size yürüyerek gelmesi için cesaretlendirin. Yürüyerek gelip oyuncağını aldığında onu ödüllendirin.
- Saplı itmeli oyuncağı önce kendiniz iterek hareket ettirin ve bebeğe model olun. Daha sonra oyuncağı sapından iterek ileri doğru yürümede bebeğe yardımcı olun. Bebeğin de kendi başına oyuncağı iterek ileri doğru hareket etmesini sağlayın ve onu ödüllendirin.
- Bebekle birlikte karşılıklı bacaklarınızı açarak yere oturun. Bebeğe, topu yerden yuvarlayarak atın ve aynısını bebeğin de yapmasını isteyin. Bebek yapamıyorsa tekrar gösterin veya ikinci bir kişinin topu tutup yuvarla-

mada yardımcı olmasını sağlayın. Oyunu birlikte oynarlarken bebek, topu doğru bir şekilde yerden yuvarlayarak attığında alkışlayın ve "aferin" deyin.

- Bebeğin merdiveni emekleyerek çıkabilmesi için birkaç basamak yukarıya sevdiği bir oyuncağı koyun*.
- Hayal gücünü geliştirmek ve kavramsal düşüncelerin düzene girmesini teşvik etmek için kısa hikâyeler okumaya başlayın. Kitaplarda, sayfanın 3/4'ünün resimli, 1/4'ünün yazılı olmasına özen gösterin.
- Anne ve yavru hayvanların yer aldığı hikâyeler çocukların hoşuna gider ve hayvanlara ait sesleri öğrenmeleri bakımından fayda sağlar.
- Sevgi göstermeye teşvik edin; oyuncağıyla oynaması, köpekleri okşaması, anneyi öpmesi, babayı kucaklaması için ortamlar yaratın.
- "Çorabını giydirmek", "mantosunu çıkarmak" gibi, yapmakta olduğunuz hareketleri dile getirin.
- Bebeğinizi mümkün olduğunca, tüm faaliyetlere dahil edin ve onun için etrafı çevrili bir oyun havuzu edinin.
- Bebeğinizin sosyal olaylara katılabileceği ortamlarda bulunmasını sağlayın. Mama sandalyesini masanın yanına koyun, oyuncağını salonun ortasına atın ve arabalı koltuğunu diğer koltukların arasına yerleştirin.
- Bebeğiniz yabancılara karşı soğukluk duyabilir veya korku tepkisi gösterebilir. Bağımsızlığını desteklemek için başkalarıyla bir arada olmasına özen gösterin.
- "Teşekkür ederim" demesini öğretmeye başlayın.
- Her zaman elini tutun ve güven ihtiyacı duyduğunda destekleyin.

** Okulöncesi Eğitim Programları. T.C. Milli Eğitim Bakanlığı. Okulöncesi Eğitimi Genel Müdürlüğü, İstanbul: M.E.B. yayınları, 1994.*

12. AYDA BEBEĞİNİZ NELER YAPABİLİR?

Bu ayın sona ermesiyle birlikte, bebeğiniz aşağıdakileri yapabilecek durumda olmalıdır:

- Mobilyaya tutunarak yürümek (12. ayla birlikte).

Not: Bebeğiniz gelişimin kilometre taşı sayılan bu dönüm noktalarından bir ya da daha fazlasına ulaşmamışsa, çocuk doktorunuza danışmalısınız. Gecikme nadiren bir probleme işaret edebilirse de, birçok durumda bebeğiniz için bu normal olabilir. Genellikle erken doğmuş bebekler, dönüm noktalarına, yaşıtlarından daha geç ulaşırlar. Bu yeterlilikleri çoğunlukla, beklenen yaşlarında (normal doğum gerçekleşseydi, olmaları gereken yaşta) veya daha sonra elde ederler.

Bu ayın sona ermesiyle birlikte, bebeğiniz büyük olasılıkla aşağıdakileri yapabilecektir:

- El çırpmak ve / veya el sallamak gibi becerileri gerçekleştirmek (Çocukların büyük kısmı bu becerileri 13. ayla birlikte gerçekleştirmektedir).
- Bağımsız bir biçimde, bardak kullanarak içecek içmek (birçoğu bunu 16. aya kadar yapamamaktadır).
- Başparmak ve işaretparmaklarının uçlarını kullanarak, minik bir nesneyi başarılı şekilde kaldırmak (12. ayla birlikte; ancak birçok bebek bunu yaklaşık 15. aya kadar gerçekleştirememektedir).
- Çorabı ayağından çıkarabilir.
- Çömelme durumundan ayağa kalkabilir.
- Saplı nesneleri itebilir.
- Kısa bir süre için yalnız başına ayakta durabilmek (birçoğu bunu 13. aya kadar başaramamaktadır).
- Gelişigüzel bir biçimde anne ya da baba demek (birçoğu bunlardan en az birini 14. ayda söyleyebilecektir).

- Anne veya baba dışında bir sözcük daha söylemek (büyük kısmı, ilk sözcüklerini 14. ayda, hatta daha da sonra söylemektedir).

Bu ayın sona ermesiyle birlikte, bebeğiniz aşağıdakileri belki yapabilecektir:

- İsteklerini, "ağlama" dışında yollarla göstermek (büyük kısmı, 14 ay geçmeden bu aşamaya ulaşamamaktadır).
- Top oynamak (karşılıklı oturup top yuvarlamak; ancak büyük çoğunluğu 16 aydan önce bunu başaramamaktadır).
- Olgunlaşmamış, anlaşılmaz bir lisan kullanmak (bebeğin yabancı bir dili konuştuğunu düşündüren anlamsız konuşmalar; bebeklerin yarısı bu tip konuşmalara ilk doğum günlerinden sonraki döneme kadar başlamamakta ve büyük çoğunluğu da 15 aylık olana dek konuşmamaktadır).
- İyi bir şekilde yürümek (4 bebekten 3'ü, 13 aylık olana dek iyi yürüyememektedir; iyi emekleyen çocuklar yürümede yavaş olabilirler; diğer yönlerden gelişim normal olduğu takdirde geç yürüme durumu, nadiren endişe yaratıcıdır). (Bkz.: sf. 105, Çocuğunuz 1 yaşını doldurduğu halde, hiçbir yürüme belirtisi göstermiyorsa ne yapılabilir?)
- Emekleyerek basamak çıkar.
- Küçük nesneleri dar ağızlı bir kaba atar.

Bu ayın sona ermesiyle birlikte, bebeğiniz hatta aşağıdakileri bile yapabilecektir:

- Anne veya baba dışında üç ya da daha fazla sözcük söylemek (bebeklerin yarısı bu aşamaya 13. aydan evvel ve büyük çoğunluğu 16. aydan evvel ulaşamamaktadır).
- El ve kol hareketleri ile desteklenme gereksinimi duymaksızın verilen basit komutlara karşılık vermek ("onu

bana ver" – hareketle göstermeden; çocukların büyük çoğunluğu bu aşamaya ilk doğum gününü geçirmeden, bir kısmı da 16. aydan önce ulaşamamaktadır).

ÇOCUĞUNUZ 1 YAŞINI DOLDURDUĞU HALDE HİÇBİR YÜRÜME BELİRTİSİ GÖSTERMİYORSA NE YAPILABİLİR?

Sağlıklı bir çocuğun 18. aya veya 2 yaşa ulaşmadan yürüyebilmesi beklenmektedir. Ancak çocuk, konuşmada olduğu gibi diğer gelişim alanlarında da gecikme gösterebilir.

Bu konuda öncelikle, çocuğunuzun diğer alanlardaki gelişimini gözönüne alın. O, dik oturabiliyor mu ve emekleyebiliyor mu? Büyük beceriyle emekleyen çocuklar, genellikle geç yürüyen çocuklardır. Çünkü onlar, el ve ayaklarının üstünde güvenli şekilde hareket ettikleri yöntemden, sadece iki ayaklarını kullanabilecekleri, denge kurması zor yönteme geçmek için bir sebep görememektedirler. Diğer bir geç yürüyen çocuk grubu ise ayaklarını yere sürüyerek yürüme alışkanlığı edinmiş çocuklardır. Dikkat etmeniz gereken önemli nokta şudur; "Çocuğunuz sandalyeye tutunup kendini çekerek ayağa kalkabilmekte midir?"

Anlaşılmaz sesler çıkarıp, hatta bazı sözcükler oluşturmakta mıdır? Normal düzeyde merak göstermekte midir ve ince el becerisi gelişmiş midir? Objeleri avuçları ile yakalama aşamasını geçip, parmaklarını kıskaç gibi kullanarak hareketler yapabilmekte midir?

Tüm bunları normal olarak yapabildiği takdirde, özellikle yattığında bacaklarıyla normal biçimde tekmeler atıyorsa, yürüyemiyor olması önemli bir sorun değildir. Ancak kaygılarınız devam ederse önce çocuk doktorunuza, gerektiğinde de bir uzman çocuk psikoloğuna başvurmakta tereddüt etmeyin.

Çocuğun gelişimini diğer çocuklarınkiyle kıyaslamaktan vazgeçin. Aynı aileden gelen çocukların gelişim eğrileri arasında bile gözle görülür farklılıklar olabileceğini unutmayın.

18. Ay

18 AYLIK BEBEĞİN GELİŞİM ÖZELLİKLERİ:

Yaklaşık 18. aydan itibaren, çocuğunuzun anlama kapasitesinde belirgin bir gelişme olur. Oyunları çok daha anlamlı bir nitelik taşır, sizi taklit etmeye başlar ve planlı inşa faaliyetinde bulunur. İleriyi düşünmeye ve planlamaya başlar. Başka bir deyişle, faaliyetlerin getireceği sonuçlardan çoğunlukla haberdardır.

18. ayda çocuk kâğıdın üstüne kalemle çizmeye başlar. Bu ilk karalama girişimleri çocuğun gelişimi açısından önemli bir adım sayılabilir. O, kendini sadece çizerek, boyayarak değil, yazılı bir biçimde de ifade etmeye başlamıştır. Çocuk, çekiciyle oyuncak vidalara vurduğunda amacı daha net ve açıktır. **Hamur yoğurmaktan, kum ve suyla oynamaktan büyük zevk alır.**

Yeni yürümekte olan bebek; gördüğü sayfadaki kavramların büyük bölümünü tanımakta ve isimlerini söyleyerek seçtiklerinizi parmağıyla işaret ederek gösterebilmektedir. Bebeğiniz, günlük işlerin büyük bölümüne yardım etmek isteyecek ve sizin hareketlerinizi taklit etmeye çalışacaktır.

O, "yeme", "içme", "oyuncaklar", hatta "oturağına gitme" gibi isteklerini dile getirebilmektedir. Birçok basit isteğin üstesinden gelebildiği gibi, daha karmaşık olanları da anlamaya başlamaktadır; "Lütfen saç tarağını banyodan getirir misin?", "Git bana oyuncak ayını getir" gibi. Dikkatinizi çekmek için kolunuzu tutabilmekte ya da benzeri hareketlerde bulunabilmektedir.

BEDEN DURUŞU VE MOTOR BECERİLERİ:

- Ayakları hafifçe ayrık olarak güvenli biçimde yürür; güvenle, adım atmaya başlayıp durabilir.
- Dengeyi sağlayabilmek için, kollarını yanlara uzatmaya artık gerek duymaz.
- Başını tam ortada dimdik tutup, gözlerini yere, yaklaşık 1-2 m. öteye dikerek dikkatle koşar; ama önüne engel çıktığında genellikle durmak zorunda kalır, engeli aşamaz.
- Büyük oyuncakları, kutuları yerde itip çekebilir. *(Resim 70)*

70. Tekerlekli oyuncağı iter ve çeker.

- Yürürken büyük bir oyuncak bebek veya oyuncak ayı (bazen iki tane) taşımaktan hoşlanır. *(Resim 71)*
- Geri adım atıp küçük bir sandalyeye çökebilir ya da yanlamasına hafifçe sürünerek oturur.
- Yetişkin sandalyelerine çıkar, sonra öne dönüp oturur. *(Resim 72)*
- Elinden tutularak merdivenlerden yukarı çıkıp aşağı inebilir. *(Resim 73)*
- Geri geri sürünerek merdivenlerden aşağı iner; ya da (ara sıra) öne dönüp kalçasının üstünde hafifçe yere vurarak birkaç basamak iner.

71. *Elinde oyuncakla, başarılı bir şekilde yürür.*

72. *Yetişkin sandalyesine çıkabilir.*

73. *Elinden tutularak, merdivenlerden yukarı çıkıp aşağı inebilir.*

74. *Düşen oyuncağı almak için çömelir.*

- Düz bir zeminde / yerde, dizleri üstünde desteğe gerek duymadan, dimdik oturabilir.
- Oyuncağı yerden alacağı zaman dizlerini ve kalçasını bükerek çömelir ve genellikle elleriyle destekleyerek, kendi başına yeniden ayağa kalkar.

GRAFİK FAALİYETİN GELİŞİMİ:

İlk grafizm faaliyeti, ilk adımı atmalar, sözcükleri söylemelerle aynı zamanda ortaya çıkmış olur. Resim, başlangıçta çocuğun kendiliğinden elde ettiği ilk denemeleri isteyerek tekrar etmesidir. **Wallon**'a göre taklit, yazı grafizminin doğuşunu koşullandırırken, resim kendiliğinden doğar ve çocuğun kendine özgü çizgilere verdiği yoruma dayanır.

18 aylık bebek tek elini kullanarak ya da bazen her iki elinde birer kalemle, kendiliğinden ileri geri karalar, kâğıda küçük-büyük noktalar koyar.

ALGISAL BECERİLERİ:

18 Aylık Bebek Neleri Görür?

- Küçük şekerleri, boncukları, iğne ve iplikleri görür görmez, iyice gelişmiş bir kıskaçlama tutuşuyla eline alır.
- Kalemi ortasından veya tam ucundan, avucuyla ya da ilkel üç-parmak kavrayışıyla tutar.
- Kendisine gösterildiğinde (bazen kendiliğinden), üç tahta küpü üst üste koyup kule yapar. *(Resim 76)*
- Basit, kolay anlaşılır resimli kitaplardan hoşlanır; çoğu belirgin, göze çarpıcı renkteki çizimleri ayırt edip parmağıyla gösterir. *(Resim 77)*
- Birkaç sayfa birden çevirir.
- 3 m. uzakta sallanan küçük bir oyuncağa dikkatle bakar

75. 3 m. uzakta yuvarlanan topları almaya çalışır.

76. Tahta küplerden 3'lü kuleler yapar.

77. Resimli kitaplardan hoşlanır.

ve oyuncağın sarkaç biçiminde ya da dairesel hareketini kısa bir süre izler.

- Dışarıda, uzakta yer alan ilginç bulduğu nesneleri parmağıyla gösterir.
- Tek elini yeğleyerek daha sık kullanmaya başlar.
- 3 m. uzaklıkta yuvarlanan küçük ve büyük topları izler ve geri getirmek için peşinden gider.
- 3 m. uzaklıkta yukarı atılan toplara dikkatle bakar, ama dikkati kolayca dağılır.
- 3 m. uzaklıktan, oldukça küçük, özel oyuncakları tanıyıp isimlendirebilir.

Bebek Neyi Duyar ve Söyler?

- Ses tonunda, sanki biriyle konuşuyormuş izlenimi bırakan değişik tınılara ve duygusal iniş-çıkışlara yer vererek, oyun oynarken yüksek sesle ve hiç durmaksızın anlaşılmaz bir biçimde kendi kendine konuşur.

78. Sözcük dağarcığı hızla gelişir.

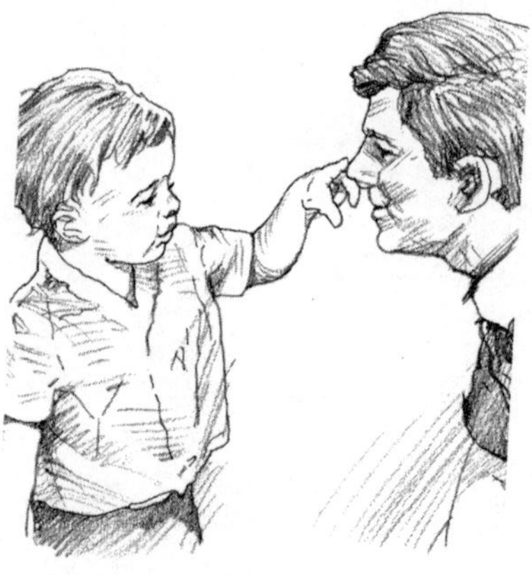

79. Babasının burnunu parmağıyla gösterir.

- Doğrudan doğruya kendisiyle konuşularak iletişim kurulmasına ilgi gösterir.
- 3-30 (ve daha fazla) arasında değişen sözcük kullanır ve çok daha fazlasını anlar.
- Kendisine söylenen kısa cümlelerin en belirgin veya son sözcüğünü kendi kendine yineler.
- Çok istediği, erişmeye çalıştığı nesneyi parmağıyla göstererek, yüksek tonda, ısrarcı sesler ya da tek sözcüklü ifadelerle isteğini dile getirir.
- Çocuk şarkılarından hoşlanır ve eşlik etmeye çalışır.
- Şarkı söylemeye çalışır.
- Tanıdığı nesnelerin ismi söylendiğinde, doğru nesneyi yetişkine uzatır.
- Basit emirlere uyar, söz dinler (örneğin; "Baba'nın ayakkabılarını getir", "Kapıyı kapa", "Pisi-pisi nerede?" gibi).
- Kendisinin veya oyuncak bebeğinin saçını, ayakkabılarını, burnunu, ayaklarını anne-babasına gösterir.

SOSYAL BECERİLERİ VE OYUN:

- Kaşığı tutar ve yemeği dökmeden ağzına götürür. Oldukça iyi çiğner.
- Bardağı iki eliyle kavrar; üstüne veya çevreye pek fazla dökmeden içer.
- Bardağı kendi başına eline alır, ama içmesi bittikten sonra (genellikle) yetişkine geri verir.
- Ayakkabılarını, çoraplarını ve şapkasını çıkarabilir, ama çoğunu yeniden giyemez.
- Hâlâ altını ıslatır; ama tuvalet ihtiyacını genel huzursuzluğuyla ve sesli anlatımlarla önceden haber vermeye başlamıştır.
- Gittikçe gelişen kavrama yetisiyle, olanca canlılığıyla çevreyi inceler.

- Oyuncakları artık ağzına götürmez.
- Nesnelerin yerlerini unutmaz, nerede durması gerektiğini bilir.
- Oyun sırasında veya kızdığında, eskiye oranla daha seyrek olmakla birlikte, hâlâ oyuncakları yere atar; genellikle, oyuncağı fırlatırken tam hedefi tutturabilmek için görsel bir çaba harcayarak kendini sıkıntıya sokmaz.
- Basit, günlük etkinliklerden bazılarını kendince taklit eder (örneğin; oyuncak bebeğe yemek yedirme, kitap okuma, yer süpürme, çamaşır yıkama gibi).
- Kendi başına durumundan hoşnut bir biçimde oynar, ama tanıdığı yetişkinin veya daha büyük bir kardeşin yakınında olmayı sever ve ister. *(Resim 82)*
- Küçük nesneleri kutunun içine koyup dışına çıkarmaktan zevk alır.

80. Olanca canlılığı ve merak duygusuyla çevreyi inceler.

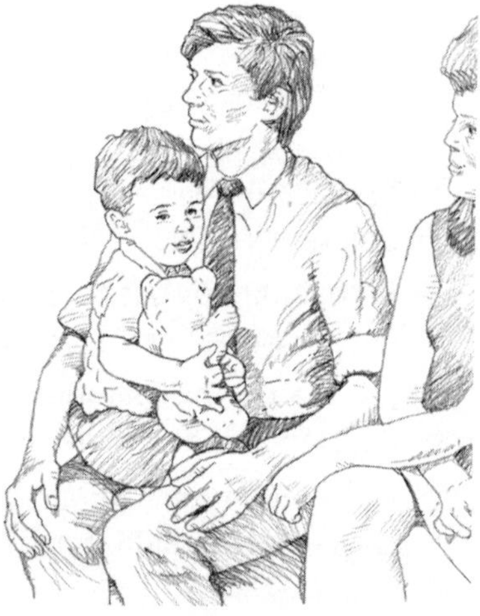

81. Tanıdığı yetişkinlere hala oldukça bağımlıdır.

82. Yerde, durumundan hoşnut bir biçimde kendi başına oynar.

- Başta annesi olmak üzere, tanıdık yetişkinlere duygusal açıdan hâlâ epeyce bağımlıdır.
- Aşırı bağımlılık ve karşı koyma arasında gider gelir, dengesizlik sergiler.

Çocuğunuz zaman zaman; omzunuzu tutarak, size vurarak, yasak olan şeyleri yaparak veya kurallara uymayı reddederek çeşitli dikkat çekme oyunlarına başvuracaktır. Bunun yanında diğer çocuklarla arasında daha az çatışma, daha çok işbirliği ve anlaşma görülmektedir. Çocuğunuz oyun arkadaşına sahip olmak için bencilce davranışlar sergileyebilmektedir.

DİL GELİŞİMİ:

18 aylık bebek basit sorular sorup, bu soruları cümle yerine kullanılan karmaşık bir ifadeyi dile getiren tek sözcükle cevaplamaya başlamıştır. "Nereye gitti?", "Orada" gibi. Artık sözcük kombinasyonları yapabilmektedir. "Benim" gibi zamirleri ve "olmaz" gibi olumsuzlukları kullanabilmektedir.

Konuşma ritmini ve konuşurken sırasını beklemeyi öğrenmiştir. Örneğin; 18 aylık bir bebek ailesi ile iletişimde erişkin gibi davranışlar sergileyebilir. Bir konuşma sırasında önce konuşanın yüzüne bakar, sonra kendi konuşma sırası geldiğinde başka bir yere bakar ve konuşma sona ererken tekrar dinleyenin yüzüne bakarak konuşmayı bitirir.

İletişimde işbirliğine başlamıştır. Konuşması gelişmiş dahi olsa, henüz tam gelişmemiş kaslar yüzünden bazı yanlışlıklar olabilmektedir; "tren" yerine "tyen" gibi.

18. ay çocuğu az sayıda basit sözcüğü anlar hale gelir ve nesneler için kullanılan isimleri sık sık tekrar eder. Henüz fazla konuşamıyorsa da, istediklerini anlatmak için başka yollar dener. Kendine söylenenlerin büyük kısmını anlar ve bazı talimatlara uymayı ve sonunda sözcükleri birbiri ardınca dizmeyi öğrenir. 18. ayda çocuk, kitapta ve günlük yaşamda pek çok objeyi tanımaya başlar.

15 aylık çocuğun sözcük dağarcığı genellikle 10 sözcüklük, 18 aylık çocuğun 30 ve daha fazla sözcüklük, 20 aylık çocuğun 50 ve daha fazla sözcüklüktür. Kuşkusuz bu dağarcığın gelişimi büyük ölçüde yakın çevre koşullarına bağlıdır. 18-24 aylar arasında bu artış haftada yeni 10-20 sözcük ilavesi şeklinde hızlanır. Bu evrede çocuklar objelerin bazı kategorilere bağlı olduklarının farkına varmaya ve her eşyanın bir ismi olduğunu anlamaya başlarlar.

Dili anlama, dili kullanmadan önce gelişir. Örneğin çocuk, "kitabını bana getir" veya "lambaya dokunma" gibi basit talimatları anlar ve izler, ancak bunları kendi diliyle ifade edemez. 50 sözcüğü 13. ay dolaylarında anlarken 50 sözcüğü kullanabilmesi ancak 18. ay dolaylarında mümkün olur. Bu da sözcüğü "anlama" ile "kullanabilmesi" arasında yaklaşık 5 aylık bir sürenin geçtiğini bize göstermektedir.

Bireylerarası ilişkilerin ön planda olmadığı monoton bir ev atmosferi, çocuğun sesli ifade isteğini azaltır. Araştırmalara göre, sosyo-ekonomik düzeyin, özellikle 18. aydan itibaren çocuğun dil gelişimini etkilediği saptanmıştır. Daha iyi uyarıcı çevrelerde yetişen çocukların daha zengin söz dağarcığı, daha iyi söz dizimi ve cümle yapısına sahip olduğu görülmektedir. Çalışmalar, yemekleri ailesi ile yiyen ve sofra başında konuşmaya katılan çocukların dil'e ait gelişim düzeylerinin daha iyi olduğunu ortaya koymaktadır. Kuşkusuz çocuğun dilini kazanmasında ve dil gelişimi sürecinde kalıtsal faktörü gözardı etmek mümkün değildir. Ancak çocuğun sosyal çevresi ile etkileşiminin, aile tutumunun ve aile alışkanlıklarının bu süreçte önemli rol oynadığı bir gerçektir.

Konuşma Gelişimini Desteklemek İçin Neler Yapabiliriz?

Araştırmalar göstermektedir ki; annenin bebeğiyle hiçbir şekilde konuşmamış olması sonucunda, çocukta normal dışı bir sessizlik görülmektedir. Hazır olmadığı ve yeterince istemediği halde çocuğu konuşmaya zorlamak da aynı şekilde onun konuşmayı reddetmesiyle sonuçlanacaktır.

Bebekle konuşmak, onun çıkardığı sesleri desteklemenin en iyi yoludur. Ancak onun başarıları karşısındaki şaşkınlık, çıkardığı anlamsız seslerin artmasına yol açar.

Çocuğunun konuşmasında fazla ısrarcı davranan ebeveynin çoğunlukla dil problemi olan ailelerden geldiği görülmektedir. Çocuğun konuşmayı reddetmesi bir çeşit olumsuzluktur. Büyük tuvaletini yapması için zorlanan çocuğun bunu reddetmesi gibi, **konuşması için baskı yapılan çocuk da sözcükleri içinde tutar hale gelmektedir.**

Anne-babalar; çocuklarının konuşmalarına karşı kaygısız bir yaklaşım benimsemeli, onlarla düzenli bir şekilde konuşmayı sürdürmeli, yanıt almadıklarında ise yorumsuz kalmayı tercih etmelidirler. Çocukların ağzından sözcükleri âdeta kapmaya çalışan birçok ebeveyn, bazen çocuğun istediği bir oyuncağı doğru adıyla dile getirinceye kadar vermeyi reddetme gibi bir tutum sergileyebilmektedirler. Bunun üzerine çocuk hiçbir şey söylememeyi seçmekte ya da yanlış sözcük söylemektedir. Çocuklarını daha yavaş ya da anlaşılır konuşmaları için sürekli uyaran anne-baba da çocuğu suskunluğa itmektedir. **Doğru yaklaşım; kaygısız şekilde davranmak, çocuğa oynamak istediği oyuncağı vermek ve oyuncağın adını söylemesi için asla ısrar etmemektir**. Çatışmayı önleme, problemin gelişmesini engeller.

Ayrıca ebeveyn, çocuğa ait ilk konuşma veya seslerin anlamsız hatta saçma olacağını önceden kabul etmelidir. Çünkü çocuk henüz anlamlı sözcükler oluşturacak olgunluğa erişmemiştir ve ağzını oynatabildiğinden daha hızlı düşünmektedir. Becerileri geliştikçe, bu anlamsız sesler gerçek sözcüklerden oluşan telaffuzlu bir konuşma şekline dönüşür. Bu noktada düzeltmeler yapmak, çocuğun bu anlamsız sesleri çıkarmada ısrar ederek kekelemesine yolaçabilir. **Bu nedenle, çocuğunuzla düzenli bir şekilde konuşmanızın, onun dil gelişimine olumlu etkisi olacağı açıktır. Ancak onunla hiçbir zaman kendi dilinde (bebek dili kullanarak) konuşmayın, çünkü bu onun bir objeyi iki isimle adlandırmasına yol açabilir. Ardından da bebek dili ailenizin ortak dili haline dönüşebilir.**

Eğer çocuğun gelecekte iyi bir okuyucu olması isteniyorsa, onun kavram gelişimini hızlandırmaya, sözcük bilgisini artırmaya çalışılmalıdır. Bunu gerçekleştirmek için ana-babaların yapmaları gereken şey, çocukla bol bol konuşmaktır. **Çocukla bol ve düzgün cümlelerle konuşmak, onun sözcük/kavram bilgisini artırır, dil gelişimini hızlandırır.** Dil gelişimi yeterli düzeyde olan, yani ana dilini iyi öğrenen bir çocuk, gelecekte iyi bir okuyucu olmaya yarı yarıya hazır demektir.

Üstün Dökmen araştırmasında, okuma eğitiminin, okuma-yazma eğitiminden önce başlaması gerektiğini vurgulamakta, bir insanın yetişkinlikte sahip olacağı okuma becerisinin temellerinin o insanın çocukluğunda, ilk sözcükleri söylemeye başladığı çağda atıldığını ortaya koymaktadır.

BİLİŞSEL GELİŞİM:

Bu evrede çocukta ilk düşünme belirtileri görülmeye başlar. Kaybolan nesneler artık çocuğun zihninde kalmaktadır. Ertelenmiş bir taklit bu evrede başarılabilmektedir. Artık çocuk, nesnenin sembolünü zihninde saklayabilmektedir. **18. aydan itibaren çocuk sadece deneme-yanılma yoluyla değil, ilişki bilinci ile, kendisini kontrol ederek hareket eder**; ilişki bilinci, akla dayanan bir tahmini önceden kestirmeyi oluşturacak kadar gelişmiştir. Çocuk daha önce hiç görmediği şeffaf bir kutunun içindeki oyuncakları almak için durur, bakar ve kutunun kapağını kaldırarak oyuncaklara ulaşır. Burada çocuk deneme-yanılma yoluyla değil ilişki bilinciyle hareket etmiştir. **Başka bir deyişle o, icat girişiminde bulunmuştur**. Bunun için çocuk, önceden hazırlanmış hareket biçimlerinden yararlanır. Örneğin yetişkin zinciri kutuya koyar. Kutuyu 3 mm kadar aralık bırakır. Çocuk kutunun açılıp kapanışını hiç görmemiştir. Yalnız kutuyu baş aşağı edince zinciri düşüremediğini görmüştür. O anda "çocuk durur: İşte o zaman, onda tasarımların doğuşunda taklidin oynadığı rolü gösteren ve yapılacak eylemleri zihinsel bir birleştirme ile tasarladığını gösteren bir hal görülür. Çocuk ağzını açar, kapar, kutunun açılmasını ağzıyla göstermektedir." Bundan sonra deliği, kapağı çekerek genişletmeyi başarır, zinciri alır.

Bu davranış, deneme-yanılma ile değil, ani bir icat sonucu meydana gelmektedir.

ÇOCUĞA NASIL YARDIMCI OLUNABİLİR?

- Çocuğunuzun söylediği tek bir sözcük; gerçekte birden çok sözcüğü kapsayan bir isteği dile getirebilir. Örneğin; çocuğunuz "anne" dediğinde bu pek çok anlama geliyor olabilir. Eğer anlamı "anne içecek verir misin?" ise, bunu anladığınızda ona "anne, şimdi sana içecek verecek" deyin. Böylece o, bir dahaki sefere "anne, içecek" diyebilecektir.
- Çocuğunuza her tür sesi açıklayın; hayvan seslerini, araç seslerini, müziği vb. Sese çok duyarlı olduğundan; kapı gıcırtısı, kâğıt hışırtısı gibi seslerden de haberdar olmasını sağlayın.
- Mümkün olduğunca sık kitap okuyun; en sevdiklerini tekrar tekrar okuyun, isim ve objeleri tekrar edin. Resimli bez kitapları kendi kendine tutmasını, karıştırmasını sağlayın. Tanıdık objeleri gösterip, isimlerini söyleyin. Tekrar etmesini isteyin. Hatırladığında memnuniyetinizi gösterin.
- Her yerde, her şeyin ismini söyleyin (Renkler, objeler...).
- Saymaya ve sayıları kullanmaya başlayın.
- Dil gelişimi bellek ve kavrama özelliklerine bağlıdır. Sık tekrarla öğrenmeyi destekleyin ve ortam hazırlayarak konuşun. "Şimdi nerede? Banyoda. Haydi onu al ve gel".
- İyelik zamirini öğretin "Bu benim elmam, bu senin elman".
- Bir davranışta bulunduğunuzda, temel anahtar terimlerin üzerinde durarak sürekli tekrar edin "Ayşe'nin bir elması var. Evet, Ayşe'nin bir elması var".
- **Mümkün olduğunca sık, diğer çocuklarla bir araya**

gelmesini ve onlarla oynamasını sağlayın ve sosyalleşmesini desteklemek için çeşitli oyun malzemeleri sunun. Çocuğunuzun başarılarını övün, rekabete meydan vermeyin. Bu, kendine güven duygusunun gelişmesinde yararlı olacaktır. **Paylaşımı destekleyin ve övün**. Grup oyunları oynayın ve tüm oyuncakları paylaştırın.

- Tüm dikkat çekme oyunlarına karşılık verin, ancak olumsuzluğu ortadan kaldırın.
- Her şeyin özelliklerinden bahsedin. Örneğin; kuşların ve uçakların uçtuğunu, arabaların "brrm" sesi çıkararak gittiğini, tutkalın yapışkan, yünün yumuşak olduğunu, topların yuvarlak olup yuvarlandığını ama tuğlaların köşeli olduğu için yuvarlanamadığını anlatın.
- Çocuğunuza bir şey gösterdiğinizde; sertlik veya yumuşaklığına, rengine, ses çıkarıp çıkarmadığına vb. dikkatini çekin.
- **Her şeyin rengini söyleyin.**
- **Sert-yumuşak gibi zıtlıkları açıklayın.**
- **Sayıları kullanmaya başlayın**. Önce kendinizin, sonra bebeğinizin parmaklarını kullanın.
- Çocuğun rahat edebileceği bir mekânda bu oyunu oynamasını sağlayın. Çocuğun dikkatini oyuncağa çekin. 5-6 adım uzağına gidin. Oyuncağı çekerek çocuğa getirin ve oyuncağı ona verin. Yine çocuktan uzaklaşarak bu sefer onun oyuncağı çekerek getirmesini isteyin. İleri doğru çekme oyunundan sonra, geri geri yürüyerek oyuncağını nasıl çekeceğini çocuğa gösterin, ayaklarını kullanmasında ona yardımcı olun, çocuğu cesaretlendirin. Çocuk, oyuncağı ileri ve geri çekerek getirdiğinde onu ödüllendirin.
- Merdiven çıkarken veya bir iki basamağı bulunan bir

mekânda çocuğun elinden tutun ve onun basamakları çıkmasına yardımcı olun. Çocuk emeklemeden yürüyerek, çift ayakla merdiven çıktığında ödüllendirin.

- **Çocuğu masaya oturtun ve önüne büyük ebatta kâğıt kalem koyun. Çocuğa resim yapmasını söyleyin.** Yaptığı resimleri sözel ifadelerle ödüllendirin. **Çocuğun resmine ad-soyad ve tarih yazarak ona ait dosyada saklayın.**
- Çocuk yemek yerken onun kaşık kullanmasına fırsat tanıyın. Gerektiğinde kaşığı tutmasına yardımcı olun. Kaşık kullanarak çok fazla dökmeden yemeğini kendi kendine yediğinde onu ödüllendirin.
- Uykuya hazırlanırken ya da kirlenen giysilerini çıkartırken çocuğun giysilerini kendisinin çıkartmasına fırsat verin. Gerektiğinde kol ve bacaklarını ya da ayakkabılarını çıkartırken ona yardım edin. Çocuk, yardımla da olsa giysisini çıkarttığında onu ödüllendirin.
- **Kısaca; başta giyinme-soyunma, yemek yeme olmak üzere, tüm faaliyetlerini kendi başına yapmasını destekleyin, cesaretlendirin, ortam hazırlayın.**
- Elinde tuttuğu kalemi veya topu çocuğa göstererek önce örtünün altına saklayın ve sonra çıkartıp çocuğa gösterin. Bu oyunu sırasıyla yastık ve ceket altına saklayarak yapın. Sonra nesneyi en son sakladığı yerde (ceket veya hırkanın altında) bırakın. Çocuğa "Kalem nerede?" veya "Top nerede?" diye sorun. Çocuk nesneyi ceketin altından çıkardığında onu ödüllendirin.
- Çocukla birlikte oynarken ve konuşurken birbirine bağlı iki komutu içeren cümleler söyleyin ve yapması için çocuğu cesaretlendirin. Doğru yaptığında onu ödüllendirin. Örnek:

–"Pabucunu al, yanıma gel."

–"Suyunu iç, bardağı masaya koy."

–"Bebeğini al, bana ver."

- Çocukla birlikte oynarken, oynadığınız oyuncağı çocuğun gözünün önünde yüksekçe bir dolaba veya masanın üstüne koyun. Çocuğu oyuncağı alması için cesaretlendirin, teşvik edin. Çocuğun bir araç kullanarak (sandalye veya sedir üstüne çıkmak, blok veya bir sopadan yararlanmak gibi) oyuncağı almasını gözleyin ve onu ödüllendirin.
- Çocukla karşılıklı oturun. Ona "Derede bir ördek varmış. Suya dalarmış. Balık yakalayınca ağzına atarmış" tekerlemesini söyleyin. Sonra çocukla birlikte bir kez tekrar edin. Sadece son sözcükleri çocuğun tekrarlayıp tekrarlamadığına dikkat edin.
- **Çocuğun sözel oyunlar oynamasına yardımcı olacak oyuncakları oyun ortamında bulundurun, satın alın veya kendiniz kibrit kutusu, boş makara gibi artık malzemeleri kullanarak hazırlayın**. El kuklalarını, ellerine nasıl takacağını gösterin, model olun ve **ona kuklaları kullanarak hikâyeler anlatın**. Çocuğun da bu kuklaları ve diğer oyuncakları kullanarak sözlü ifadelerle oyun oynamasını teşvik edin ve oyunlarda kullandığı sözcüklere dikkat edin.
- Çocuğa oyuncaklarını toplamasını, bardağını veya tabağını masaya götürmesini söyleyin. Çocuk, bu tip işleri yaptığında onu ödüllendirin.

?

18. AYDA BEBEĞİNİZ NELER YAPABİLİR?

Bu ayın sona ermesiyle birlikte, bebeğiniz aşağıdakileri yapabilecek durumda olmalıdır:

- 3 sözcük kullanır
- İstenen nesneyi gösterir.

Not: Bebeğiniz gelişimin kilometre taşı sayılan bu dönüm noktalarından bir ya da daha fazlasına ulaşmamışsa, çocuk doktorunuza danışmalısınız. Gecikme nadiren bir probleme işaret edebilirse de, birçok durumda bebeğiniz için bu normal olabilir. Genellikle erken doğmuş bebekler, dönüm noktalarına, yaşıtlarından daha geç ulaşırlar. Bu yeterlilikleri çoğunlukla, beklenen yaşlarında (normal doğum gerçekleşseydi, olmaları gereken yaşta) veya daha sonra elde ederler.

Bu ayın sona ermesiyle birlikte, bebeğiniz büyük olasılıkla aşağıdakileri yapabilecektir:

- Koşar.
- Çok sık olmamak koşuluyla çatal kaşık kullanabilir.
- Sorulduğunda bedenin bir parçasını gösterebilir.

Bu ayın sona ermesiyle birlikte, bebeğiniz aşağıdakileri belki yapabilecektir.

- Vurarak topu ileri doğru gönderir.
- İki aşamalı komutu el hareketi yapmadan, yani beden diliyle pekiştirmeye gerek duymadan takip eder.

Bu ayın sona ermesiyle birlikte bebeğiniz aşağıdakileri bile yapabilecek durumda olabilir.

- Bir resmi adını söyleyerek tanır.
- 50 ve daha fazla sözcük kullanabilir.

2 Yaş

2 YAŞ ÇOCUĞUNUN GELİŞİM ÖZELLİKLERİ:

2. yaş çocuğun; yürümeye, konuşmaya ve kendi benliğini çevresinden ayrı olarak algılamaya başladığı; yavaş yavaş bağımsızca isteme ve davranma gibi yetilerin temel taşlarını geliştirdiği bir dönemdir.

Bu evrede çocuğun toplumsal çevre ile bağları genellikle anne ve yakın aile bireyleri aracılığı ile olmaktadır. Artık çocuğun beslenmesi ve uyutulması gibi uygulamalar önemini giderek yitirmekte, bunun yerini tuvalet eğitimi, bağımsızlık alanlarındaki yetiştirme ve öğretme çabaları almaktadır.

Yaşamın 2. yılındaki hızlı gelişim, çocuğu birçok açıdan bağımsız hale getirir. Motor yeteneklerle, dil becerisinin kazanılmasının, çocuğun bu bağımsızlığında etkisi büyüktür. Bu evrede çocuk, her gün biraz daha bağımsızlığından haberdar olmaya başlar. Heyecanlarını göstermeye, kendisini özerk (otonom) bir varlık olarak tanımaya, başka bir deyişle, kendisini kanıtlamaya çalışır.

Özellikle 2. yılın son yarısından itibaren nesneler, sosyal ilişkinin bir aracı olarak görülür. Bütün bu ilişkiler sonucunda birtakım sosyal tepkiler gelişmeye başlar; taklit, utanma, fiziksel ve sosyal bağımlılık, otoritenin kabulü, rekabet, ilgi çekme arzusu, sosyal işbirliği, karşı koyma vb. gibi.

2 yaş çocuğu yetişkinlerle birlikte basit faaliyetlerde bulunabilir. Böylece **edilgen** bir eleman olmaktan kurtulup, aile faaliyetlerine katılan ve sosyal ilişki kurabilen **etkin** bir üyeye dönüşür.

Bunun yanı sıra 2 yaş çocuğu, aile dışındaki bireylerle ilişki kurmaya ve kendi akranlarıyla olan beraberlikten zevk almaya başlar. 2 yaş çocuğunun tüm beceri, yetenek ve eğilimlerini, *"güçlü olma"* ve *"bağımsızlık"* duyguları büyük ölçüde etkiler.

2 yaşın başlamasıyla birlikte çocuklar, kendilerinden, bağımlı bir kişi yerine, bağımsız bir varlık olmalarının beklendiğini öğrenirler. Yine onlar, birtakım davranış türlerinin belirli ortamlarda uygulanması gereğini öğrenmeye başlarlar. Anne babanın da etkisiyle geliştirilen bu davranış türlerinin tümü "Sosyalleşme Olgusu"nun ilk aşamalarını oluşturur.

2-4 yaşlara rastlayan karalama evresindeki çizgi gelişiminin de belirli bir düzen içinde olduğu görülür. Başlangıçta kâğıdın üzerine gelişigüzel konan işaretler şeklinde görülen karalama, zamanla yetişkinler tarafından tanınabilecek çizgilere dönüşür.

İki yaş çocuğu sembolle, bu sembolün temsil ettiği nesne arasındaki ilişkiyi anlamaya başlar. Zihinsel semboller geliştirmeye başlar. Bu, konuşma dilinin varlığının bir nedeni ya da bir sonucu olabilir. Artık onun *isim* ve *nesnelere* ait hızla gelişen bir *sözcük hazinesi* oluşmaktadır. Düşünce süreçleri gelişmektedir, ama hâlâ sistematiklik kazanamamıştır. Durmaksızın konuşmakta, zaman zaman sorular sormaktadır. Dış dünyayı tanımak için sorduğu bu sorulara kısa ve basit yanıt beklemektedir. İşte bu özelliği nedeniyle **2 yaş "Sorgu Çağı" adını alır. 2 yaş dolaylarında başlayan bu sorgu çağı, 4 yaşında en yüksek düzeye ulaşır. Bu evrede çocuk, "nasıl" ve "niçin" sorularını ısrarla sorar. Anne ve baba, çocuğun sorularını hassasiyetle ele alarak yanıtlamalıdır.**

Normal gelişim evrelerine göre 2 yaş çocuğunun konuşmaya başlamış olması beklenir. Ancak zihinsel, bedensel, motor ve psiko-sosyal gelişimi sağlıklı görünmesine rağmen hâlâ konuşmayan, kendini ifade edememesi nedeniyle de hırçınlaşan çocuk sayısı az değildir.

Anne ve baba paniklenmeden çocuğa uyarıcı bir çevre

oluşturduğu ve onu desteklediği takdirde bu gecikmeyi kısa bir süre içinde aşmak mümkün olmaktadır.

Bu evrede dışkılama ve işeme kaslarının işlevlerinde gelişme göze çarpar. Çocuğun kakasını ve çişini tutabilmesi ve annenin istediği zaman ve yerde yapması yakın çevresinden büyük ilgi görür ve ödüllendirilir. Böylece çocuk artık toplumun, iyi, kötü, doğru, yanlış ve ayıp gibi yargılarıyla karşılaşmaktadır.

Çocuğun dışkılama ve işeme kasları üzerinde egemenlik kurması, seçim yapabilme duygusunun gelişmesine yol açar. Denetim ve seçim yaparak karar verebilme ise özerklik duygusunun temelidir. Özerklik duygusu gelişmezse, çocukta başkaları tarafından denetilme, kararsızlık, kuşku ve utanç duygularının temelleri atılacaktır.

Tuvalet eğitiminde çocuğun davranışı sizin tavrınızın sonucu olarak gelişir. Tuvalet kontrolünü ağır geliştiren çoğunlukla, takıntılı ve otoriter ya da titiz, ilgisiz aile ortamıdır.

20 ay dolaylarında çocuğun tuvalet eğitimine başlamak için yeterli olgunluğa ulaştığı düşünülebilir. Buna rağmen bazı çocuklar bu olgunluğa 18. ayda, bazıları da 2-2.5 yaş dolaylarında ulaşabilir. Ebeveynin bu bireysel farkları tanıyabilmesi için çocuğun yeterince mesane kontrolüne, bedensel gelişime ve zihinsel gelişime ulaşıp ulaşmadığı hakkında bilgi sahibi olması gerekir (Ayrıntılı bilgi için: Haluk Yavuzer. Çocuk Eğitimi El Kitabı, Remzi Kitabevi, s.146-147).

Tuvalet alışkanlığı konusunda telaşa kapılmamak ve çocuğu zorlamamak gerekir. Anne ve babanın bu işlemi çocuktan çok sert bir biçimde istemesi onda korku ve endişe uyandırır. Çocuk zamanı geldiğinde normal bir biçimde kontrolü öğrenecektir.

Genellikle çocuğu, her beslenmeden sonra birkaç dakikalığına lazımlığa oturtmak yeterlidir. Daha büyüdükçe bebekler, tuvaletlerinin geldiğini ifade edebilirler ya da çeşitli hareketlerle anlatmaya çalışırlar. Dikkatli anne, çocuğu hemen lazımlığa oturtarak altının ıslanmasını engelleyebilir.

BEDEN DURUŞU VE MOTOR BECERİLERİ:

- Ayağının tümünü kullanarak sağlam adımlarla güvenlik içinde koşar, kolaylıkla durup yeniden koşmaya başlayabilir ve engellerden sakınır.
- Dinlenmek ya da yerdeki bir nesneyle oynamak için dengesini yitirmeden çömelebilir ve ellerini kullanmadan yeniden ayağa kalkabilir.
- Büyük, tekerlekli oyuncakları kolaylıkla ileri doğru itip çekebilir ve oyuncağı sapından çekerek ileri geri yürüyebilir.
- Küçük tekerlekli oyuncakları, belirgin bir yön bilinciyle, ne yöne gideceğini ustaca değerlendirerek ipinden tutup çeker.
- Pencereden dışarı bakmak ya da kapıyı açmak için mobilyanın üstüne çıkar ve yeniden aşağı inebilir.
- Kendi boyutlarını; çevresindeki nesnelerin boyut ve konumlarıyla (dolap, fıçı gibi) giderek daha iyi kavrayıp değerlendirebilir.

83. Oturup gidonu idare edebilir, ama pedalları henüz kullanamaz.

84. Merdivenlerden yukarı çıkıp aşağı inebilir.

85. Büyük topun üstüne yürür, adeta takılır.

- Parmaklığa veya duvara tutunarak merdivenleri çıkabilir ve (çoğunlukla) aşağı inebilir; adım atarken ayak değiştirerek değil, dengeyi sağlamak için her basamakta iki ayağını bir araya getirerek inip çıkabilir. *(Resim 84)*
- Düşmeden, küçük bir topu omuzdan yukarı ileriye doğru atabilir.
- Büyük bir topa tekmeyle vurmaya çalıştığında topun üstüne yürür. *(Resim 85)*
- Üç tekerlekli bisiklete oturur, ama pedalları kullanamaz. Bisikleti, ayaklarıyla yeri iterek ileri yürütür.

İnce Motor Becerileri Nelerdir?

- İğne ve ipliği eline alırken, hareketleri kesinlik ve çabukluk kazanmıştır; aldığı nesneleri giderek artan bir ustalıkla yerine koyabilir.

- Küçük şekerlerin ambalaj kâğıtlarını başarılı bir biçimde çıkarabilir.
- Tahta küplerle altılı ya da sekizli kuleler oluşturabilir. *(Resim 86)*
- Kalemi genellikle daha sık kullandığı eliyle, başparmağı ile ilk iki parmağını kullanarak ucuna epeyce yakın bir yerden tutar. *(Resim 87)*

86. Tahta küplerle 6'lı veya 7'li kuleler yapar.

87. Kalemi tutar ve karalamalar yapar.

88. Kitaplardan hoşlanır, sayfaları teker teker çevirir.

89. Küçük oyuncakları eşleştirir.

- Kendiliğinden, hem dairesel hem de ileri geri karalamalar yapar ve küçüklü büyüklü noktalar çizer.
- Sayfaları teker teker çevirir. *(Resim 88)*
- El seçimi çoğunlukla oldukça belirgindir. Hangi eli yeğlediğini açıkça gösterir.

GRAFİK FAALİYETİN GELİŞİMİ:

Çocuk sık sık dairesel ve benzeri şekiller çizer; dik çizgiyi ve V biçiminde çizgiyi taklit eder. Bu çizim alıştırmaları, kas eşgüdümü ve yazı öncesi becerilerinin gelişimiyle ilintili olabilir.

Eli amaçsız bir şekilde kâğıt üzerinde dolaşan çocuk anlatırken çizer, çizerken anlatır. Çocuk, oluşan çizgileri görür ve onların kendi ürünü olduğunu anlar. Bu hareketlerin karşılığında, önceleri yukarıdan aşağıya yapılmış karalamalar, eğri zikzaklar, dairesel çizgilerle kalın bir yumak oluşturan karalama örnekleri ortaya çıkar.

Çocuk grafik evriminde kırık çizgiler biçiminde ortaya çıkan taslaklar yazının sezişsel görünümü olarak kabul edilir.

Sanat, insanın çevresine olan tepkilerinin yansımasıdır. Bunu, çocuğun karalama çağında çok daha iyi görebiliriz. Çünkü karalama çocuğun bedensel ve coşkusal gelişiminin bir yansımasıdır. Büyümedeki bireysel farklılıklarda olduğu gibi, çocukların karalamalarında da farklılıklara rastlarız. Karalama düzeylerindeki farklılıklar, çocuklardaki fizyolojik ve psikolojik değişiklikleri yansıtır.

Genelde çocuklar, yaklaşık 2 yaşında karalamaya başlar ve bu etkinlikleri 4 yaşına basıncaya kadar sürdürürler. Anaokulu öğrencisinin hâlâ grafik faaliyet olarak sadece (aşağıda örnekleri görülen) karalama ile uğraşması ve çizgilerinde gelişim göstermemesi çocuğun, kendi yaş düzeyinin altındaki bir etkinliği sürdürmesi anlamını taşır. Bu durum, bir beceri eksikliğinden çok bir gelişim sorunu olarak değerlendirilebilir. Büyük bir olasılıkla, hâlâ karalama evresini sürdürmekte olan çocuk, akranlarının düzeyindeki psiko-sosyal olgunluğa da sahip olamayacak ve onların gerçekleştirdikleri bazı etkinlikleri başaramayacaktır. Böyle bir durumun gerisinde fırsat yetersizliğinin mi yoksa gelişim yetersizliğinin mi bulunduğunu belirlemek üzere bir uzman çocuk psikoloğuna danışmak yararlı olur.

ALGISAL BECERİLERİ:

2 Yaş Çocuğu Neyi Görür?

- Resimli kitaplardan çok hoşlanır; en çok beğendiği resimlerde ince ayrıntılara dikkat eder.
- Fotoğraf bir kez gösterildikten sonra, tanıdığı yetişkinleri fotoğrafta ayırt edebilir, ama genellikle kendisini henüz tanıyamaz.
- 3 m uzaklıktan, çok küçük oyuncaklarını hemen görür ve isimlendirebilir.
- 3 m uzaklıkta yuvarlanan küçük topları izler ve almaya, topa ulaşmaya çalışır.
- 3 m uzaklıkta yukarı atılan küçük toplara dikkatle bakar.

2 Yaş Çocuğu Ne Duyar ve Söyler?

- Bildiği 50 veya daha fazla sözcüğü kullanır ve pek çoğunu anlar.
- Kendisiyle konuşulduğunda dikkatle dinler. Konuşmalara belirgin bir ilgiyle kulak vermeye başlar.
- İki ya da daha çok sözcüğü bir araya getirerek basit cümleler oluşturur.
- Kendinden söz ederken ismini kullanır.
- Oyun oynarken, uzun monologlarla hiç durmaksızın kendi kendine konuşur, ama konuşmalarının çoğu başkalarınca hâlâ anlaşılamaz.
- Özellikle üzerinde durulan bir ya da birkaç sözcüğü tekrarlaması (ekolali), hemen hemen aralıksız sürer.
- Sürekli olarak, nesnelerin ve insanların isimlerini sorar.
- Çocuk şiirlerine, şarkılarına eşlik eder.
- İstenildiğinde, (kendisinin veya başkasının) saçını, elini, ayağını, burnunu, gözlerini, ağzını, ayakkabılarını doğru olarak gösterir ve bu sözcükleri yineleyebilir.

- İstenildiğinde, tanıdığı/bildiği nesneleri, resimleri yetişkine uzatır ve isimlendirebilir.
- Basit yönergeleri yerine getirir (örneğin; "babaya çayın hazır olduğunu söyle", "bak, bakalım postacı ne getirmiş?" gibi).
- Oyuncak bebek-evi büyüklüğünde oyuncakları, kullanarak tanımlamaya ve anlamlı bir biçimde monte etmeye, parçaları ustaca birleştirmeye başlamıştır.

SOSYAL BECERİLERİ VE OYUN:

- Üstüne dökmeden kaşıkla yemek yiyebilir. Çiğnemesi oldukça gelişmiş, yetkinleşmiştir.
- Güçlük çekmeden bardağı eline alır, içer ve bardağı yeniden yerine koyabilir. *(Resim 90)*
- Bir şey yeme ve içme isteğini dile getirir.
- Şapkasını ve ayakkabısını giyebilir. (Resim 91)

90. Güvenle, bardağı eline alıp yerine koyabilir.

91. Şapkasını (ve ayakkabılarını) giyebilir.

92. Basit, "dramatik oyunlar, taklit oyunları" oynar.

- Tuvalet gereksinmesini uygun zaman ve yerde dile getirip önceden haber verir.
- Gün boyunca genellikle altını ıslatmaz (çocuktan çocuğa değişebilir).
- Çevresine yoğun bir merak duygusuyla yaklaşır. Kapı saplarına ulaşır ve çoğunlukla kapıyı açıp dışarı çıkar. Yaygın tehlikelere karşı yetersiz bir anlayışa sahiptir.
- Evin içinde annesinin peşinde dolaşır ve bazı ev işlerini, eve ilişkin etkinlikleri oyun aracılığıyla taklit eder.
- Kendiliğinden, rol ağırlıklı basit dramatik oyunlar oynar, ya da taklit etkinliklerinde bulunur. *(Resim 92)*
- Sürekli olarak, ısrarla annenin ilgi göstermesini ister.
- Aşırı duygulanma, yorgunluk ya da korku durumlarında anneye/babaya sıkıca sarılır.

93. Başkalarıyla birlikte değil, yan yana oynar.

- Engellendiğinde, karşı çıkar ve söz dinlemez.
- Kızgınlığını ya da isteklerini anlatmaya çalıştığı zamanlarda öfke nöbetleri geçirir; ama dikkati kolayca başka yöne çevrilebilir.
- Sahip olduğu şeyleri kararlılıkla korur.
- Oyuncakları ya da yetişkinlerin ilgisini paylaşma anlayışı henüz gelişmemiştir.
- Başka çocuklara ilgi gösterilmesine, özellikle de kendi yakınlarının bu tür bir yaklaşımda bulunmasına kızar.
- İsteklerinin anında yerine getirilmesini, erteleme veya duruma göre değiştirme gereği konusunda yeterli bir anlayış geliştirememiştir.

OYUN:

Oyun, eğlenceli ve programdışı bir etkinliktir. Zevk verir, dıştan gelen amaçlarla yürütülmez, bireyin isteğiyle kendiliğinden gerçekleşir.

Çocuk oyunları yaşla birlikte değişir. Başlangıçta, çocuk kendi etkinliklerine çok ciddi biçimde yoğunlaşır, oyuncağı inceler. Ardından "bu nesne ne yapar" daha sonra da "ben bununla ne yapabilirim" sorularının yanıtını aramaya başladığı görülür.

Araştırmalara göre, okulöncesi dönemde keşfetmeye dayalı oyunlarda yetersiz görülen çocuklar, beş yıl sonra çevreyle daha az ilgili ve sosyal uyumda sorunlar yaşama eğilimi gösteren çocuklar olmaktadırlar. Bu tür oyunlarda etkili olan çocukların, yaratıcılığı ölçen testlerde daha yüksek puan aldıkları, davranışlarında daha bağımsız ve etkinliklerle daha ilgili oldukları görülmüştür..

Oyun yoluyla, çocuk değişik sosyal rolleri deneme, duygularını, kaygılarını dışavurma ve başka nesneler ya da insanlarla ilişkilerini inceleme olanağı bulur. Bir oyunda başkalarına yardım eden birey rolünü oynamak "yardımseverlik" için bir alıştırma olanağı sağlamakta ve bu nedenle oyun olumlu sosyal davranışların öğrenilmesinde önemli etkenlerden biri sayılmaktadır. Hayali oyunun sıklık ve karmaşıklık oranı ile sosyal yetenekler arasında olumlu bir ilişki olduğu görülmüştür.

2 yaş çocuğu "**sembolik oyunlar**" oynar. **Ortaya çıkan istekleri derhal doyurulmadığında çocuk, oyun denen "gerçekleştirilemeyen arzuların gerçekleştirildiği" bir hayal dünyasına girer.** Örneğin arabaya, ata binmek isteği hemen yerine getirilmediğinde, çocuk, odasına gidip ata biniyormuş gibi davranır. Oyunda çocuk hayal ürünü bir durum yaratmaktadır. O, bir at hayal edebilmek için bir sopayı at olarak kullanma ihtiyacı duymaktadır. Eğer çocuk evcilik oyununda anne rolü oynuyorsa, anneliğe ait davranış kurallarına sahiptir. Annenin kendisine söylediklerini taklit oyununa yansıtır. Örneğin zorlayarak yemek yediren anne modelini o da bebeğine uygular. **Oyunda çocuğun gerçekleştirdiği rol ve onun nesneyle olan ilişkisi daima kurallardan kaynaklanır. Böylelikle oyun, çocuğun dünyasında onun gerek gelişimi, gerekse eğitimi açısından önemli rolü olan bir etkinlik haline gelir.**

Çocuk oynarken kendi beceri ve becerisizlikleriyle, ilgi ve

yeteneklerinden haberdar olur. Birlikte yaşamayı öğrenir. **Toplumsal yaşamda duyduğu huzursuzluk ve olumsuzlukları yaşar ve yansıtır. Tüm bunları yansıtırken boşalır, rahatlar.**

- Çocuk oyun ortamında: Günlük gerilimden arınır. Bu, oyunun iyi edicilik yönüdür.
- Enerjisini toplumsal açıdan kabul edilen bir yolla boşaltma olanağı bulur.
- Yeni beceriler geliştirir (keser, boyar).
- İşbirliğini ve paylaşmayı öğrenir.
- Hayal gücünü geliştirir.
- Oyun yoluyla derin duygu ve ihtiyaçlarını, aile bireylerine karşı duygularını ifade olanağı bulur.
- Düşünmeyi ve kendi başına karar vermeyi öğrenir.
- Oyun yoluyla toplu yaşam için gerekli olan kuralları öğrenir.

Bazı çocuklar yeterince oyun oynayamamaktan sıkıntı çekiyorsa, o zaman, oyun için gerekli uygun araç ve gereç sağlanmalıdır. Malzemeler; sorun çözmeyi, yaratıcılığı ve duyguların arıtılmasını ve yansıtılmasını destekleyici, kum, kil ve inşa blokları gibi "yapılandırılmamış" oyun araçlarından oluşabilir. Oyun evleri, değişik giysiler, küçük ev eşyaları çocukların hayali oyun girişimlerini destekler, çocuğun oyunlarında çeşitli rollere girmesini sağlar. Yetişkinler, oynayan çocuğun kendini ve yaptıklarını ifade etmesine ortam hazırlamalıdır.

2 veya 3 yaşındaki çocukların dramatik oyunlarında, anneleri de onlara katıldığında oyun daha uzun sürmekte ve biraz daha karmaşıklaşmaktadır. Anne-babayla oynanan oyun, çevresini saran dünyayı keşfetmesi ve değişik roller deneyebilmesi için çocuğa güven verir. Mesleki yaşamımda ne yazık ki "yeni doğan bebeğini emzirmeyi reddeden anne" örneklerim olduğu gibi, "Çocuğuyla oyun oynamaktan sıkılan ve reddeden anne ve baba" örneklerim de vardır.

Oyunun Yaşa Göre Evrimi:

1. ***Tek başına oynanan oyun:*** (0-2 yaş) Oyun açısından tek başına etkinlik dönemini oluşturur. "Tek başına oynanan oyun", başlangıçta çocuklar için mümkün olan tek oyun türüdür. Bu oyun biçiminde çocuklar, arkadaşlarıyla birlikte oynama girişiminde bulunmazlar. Çevrelerindeki obje ve oyun malzemesiyle baş başa kalmayı yeğlerler. 2 yaşına kadar çocuklar yalnız oynarlar. Bu yaşta ilk arkadaşlık ilişkileri başlar. Diğerleriyle olan ilişki, taklit, birbirini seyretme ve birbirinin oyuncağını alma şeklindedir.
2. ***Paralel Oyun:*** Bu evredeki oyun biçimi, "başka bir oyunu izlemek"tir. Bu tür oyunda çocuk, sözlü herhangi bir ilişki kurmadan, sadece diğer çocukların oyunlarını izler. "Paralel oyun", aynı oyun malzemesini kullanan çocukların yan yana oynamalarına karşın, faaliyetlerini bağımsız sürdürmeleridir. Sosyal etkileşimlerin artışına paralel olarak oyunda da gelişim görülür. 2-4 yaşta paralel etkinlik sözkonusudur.

   Çocuklar birlikte oynamaktan, birbirlerini izleyip taklit etmekten zevk alırlar. Benzer oyun ya da oyuncakları oynamalarına karşın; yine de, tam olarak etkileşime girmezler. Üç yaşa doğru, çocuklar, oyunlarında etken öge olarak kendilerinden çok, oyuncakları kullanmaya başlarlar. Bunun yanı sıra, hayali ve sembolik oyunlara da girişirler.
3. ***Kolektif oyun:*** (Birlikte oynanan ya da işbirliğine dayalı oyun) Taklit oyunun en çok görüldüğü dönemdir. Bu dönemde, cinsiyet ayrımı belirginleşir.

   "Birlikte oynanan oyun"da çocuklar, zaman zaman birbirlerinin fikirlerinden yararlandıkları gibi, oyuncak alışverişinde de bulunurlar. Bu oyun biçiminde çocuklar birbirlerinin hareketlerini izleme olanağı da bulurlar. "İşbirliğine dayanan oyun"da temel amaç, topluca organize olarak, belirli bir sonuca varmaktır. Bu amaca ulaşmak üzere çocuklar aralarında örgütlenirler.

4. ***Kurallı oyun:*** Çocuk, kurallı oyunlar oynamaya başlar. Bu oyun ya futbol, istop gibi belli kuralları olan oyunlara girişilmek şeklinde olur ya da çocuk, kurallarını kendisi oluşturur.

ARKADAŞ İLİŞKİLERİ:

Arkadaş ve akran, büyüme açısından oldukça önemli bir yere sahiptir. **Çocuk, sosyal karşılaştırmalar yapmak ve kendi benlik imgesini başkalarına yansıtmak suretiyle arkadaş ilişkilerinde kendini tanımayı öğrenir**. Bunun yanı sıra, arkadaşlar hem duygusal açıdan birbirlerine destek olur hem de duygusal gelişimi pekiştirir, özellikle de empati duygusunun gelişmesini sağlar. **Yani çocuk kendisini arkadaşının yerine koyarak davranmayı, düşünmeyi öğrenir.** Çocuk arkadaşlarıyla olan etkileşimi yoluyla, çatışmaların çözülmesi ve ilişkinin sürekliliğinin sağlanması gibi konularda deneyim kazanır; böylece, ileriki yılların yetişkin ilişkileri için uygun bir zemin hazırlanmış olur.

Bu özellikleri nedeni ile arkadaş, önemli bir toplumsal etki kaynağı olmaktadır. Arkadaş ilişkilerindeki uyuşmazlıklar, çocuğa çeşitli görüş seçenekleri sunduğu için, bilişsel gelişim açısından da önem taşır.

Çoğu çocuk, seve seve başkalarıyla arkadaşlık etmeye çalışır ve bundan zevk alır; bununla birlikte, bazıları yalnız olmayı yeğler. Bu yönde bir seçim, sosyal becerilerin yetersiz oluşuna; ya da bireyin insan ilişkilerine daha az ilgi duymasına bağlı olabilir.

Arkadaşlık, karşılıklı güven, destek, saygı, anlayış ve içtenlik ögeleri içeren duygusal bir ilişkidir. Küçük çocuk, içtenlikle bu tür ilişkilere girişmek için oldukça benmerkezcidir*. Empati** duygusunun geliştirilmesi ve akran gruplarının oluşturulması

---

* *Benmerkezci Düşünce: "Ben"e dönüktür. Kendisini dünyanın merkezinde görür. Herkesin kendisi gibi düşündüğünü kabul eder.*

** *Empati: Olayları başkalarının bakış açısından görebilmek. Eşduyum, karşısındakini kabul etme, başkalarının duygularını anlayabilme, anlayarak dinleme. Kendisini bir başkasının yerine koyarak düşünme ve davranma.*

sonradan gerçekleşmekte ve daha çok bilişsel olgunlaşmaya bağlı olmaktadır. Önceki yılların etkileşim ve görüş alışverişi deneyimleri, çocuğun gerekli sosyal becerileri kazanmasında önemli bir yer tutar. Bu sosyal beceriler ilk yıllardaki kardeş ilişkileriyle geliştirilebilir.

Çocuk, akranları arasında sevilen (popüler), reddedilen, ilgi gösterilmeyen ya da ortalama bir konumda değerlendirilir. Bir araştırmada popüler çocuklar, arkadaşlarının oyunlarını biraz izleyip beklemişler; sonradan, gruba uyan sözler söyleyerek yavaş yavaş bir gruba katılmışlardır. İlgi gösterilmeyen, kayıtsız kalınan çocuklar, önce izlemişler, ama akranlarına katılmaya çekinmişlerdir. Buna karşılık, reddedilen çocuklar son derece etkin ve saldırgan biçimde davranma eğiliminde olmuşlardır. Oyunu bozmuşlar, işbirliği yapmadan, yalnız kendilerini düşünerek, eleştirici davranmışlardır. Sosyal becerilerde görülen bu tür bir yetersizlik, sosyal ilişki yoksunluğunun bir sonucu olabilir.

Akran grubu tarafından reddedilme; sosyal ilişkilerde başarısızlık beklentisine ve önemli sosyal becerilerin kazanılmasında deneyim olanaklarından yoksun kalınmasına yol açabilir. Arkadaş grubu tarafından dışlanmış sekiz-dokuz yaşlarındaki çocuklar üzerinde yapılan bir araştırmada; oyun etkinliklerine katılma, oyunlarda sıra bekleme ve paylaşma, etkili iletişim kurabilme ve akranlarına ilgi gösterme, yardımcı olma gibi konularda iyileştirme amacına dönük, eğitsel çalışmalar gerçekleştirilmiştir. Çalışmalar sonucunda, çocuklar hem daha olumlu davranmaya başlamışlar, hem de akranları arasındaki sosyal konumları bir yıl içinde bile ilerleme göstermiştir. İyileştirme amacıyla uygulanan başka bir yöntem de, bu çocukları karma yaş gruplarıyla etkileşime özendirmektir. Böylece, olgunlaşmamış bir çocuk, daha küçük çocukların etkinliklerini yönetmeyi ve sorumluluk almayı öğrenerek sosyal becerilerini geliştirebilmektedir.

Fiziksel özellikler, çocukta imrenilen herhangi bir özelliğin olması ya da çocuğun erken olgunlaşmış olması, arkadaş seçiminde önemlidir.

Sosyal konum veya başkaları tarafından fark edilen yetenek birçok çocuk için arzu edilen özelliklerdendir. Örneğin, okul veya sporda başarılı olan çocuklar akranları arasında popüler olma eğilimi gösterir.

İlk çocukluk yıllarında akranlar tarafından reddedilme, daha ileriki yıllarda yaşanan sorunlarla ilintili görünmektedir.

Bazı araştırma bulguları, okul yıllarında reddedilen çocukların genellikle, bir araya gelerek suçlu klikler oluşturduklarını ve antisosyal davranışlar göstermeye daha eğilimli olduklarını; veya psikiyatrik bozukluklara yol açan düşük bir benlik saygısı geliştirdiklerini ortaya koymuştur.

Akran etkileşimlerinin açıklanışı:

(0-2 Yaş) İnsanların doğuştan, sosyal ilgileri ve empati kurma becerileri de vardır. Bazı araştırmalar, bir günlük bebeklerin ağlamakta olan diğer bebeğe onun seslendirme özelliklerine uygun bir ağlama ile karşılık vermekte olduğunu ve bu davranışın ilerde empatik ilginin müjdecisi kabul edilebileceğini ortaya koymaktadır. İşte bebeklikte başlayan bu empatik ilgi, yetişkinlikte bireylerin önemli sosyal fonksiyonlarından biri olmaktadır. **Bebekler, daha ilk yaşlarda akranlarına ilgi gösterirler; 1 yaşında, tanımadıkları bir bebeğe, tanımadıkları bir yetişkine baktıklarından daha çok bakarlar.**

(2-4 Yaş) 2 yaşına doğru çocuklar, akranlarıyla birtakım etkinliklere katılabilirler; yine de, oyunlarının çoğu, işbirliğine dayanmayan paralel oyundur. Birbirlerinin duyguları hakkındaki anlayışları çok azdır. "Arkadaş"larının aynı cinsiyetten olma zorunluğu yoktur. Bununla birlikte, bu yaşlardaki çocuklar cinsiyete uygun davranışların farkındadırlar.

Bu dönemde çocuklar, ilk kez karşılıklı arkadaşlıklar oluştururlar. Arkadaşlarla oynanan oyunların, tanıdık çocuklarla oynanan oyunlardan farklı bir yeri vardır. Arkadaşlar birbirlerine sevecen davranır, birbirlerini onaylarlar; yine de, aralarındaki ilişki empati duygusundan yoksundur. Arkadaşlık genellikle, bazı ortak etkinlikleri, yakınlığı ve paylaşmayı içerir. Arkadaş, birey için bir şeyler yapan biridir.

DİL GELİŞİMİ:

2 yaş çocuğunun konuşması, yabancılarca bile giderek kolay anlaşılabilir; bununla birlikte, hâlâ pek çok çocuksu öge içerir.

Sözcük dağarcığı hızla gelişmektedir. İhtiyacı olan sözcükleri kullanmasını öğrenir. Ancak kullanabildiğinden çok daha fazla sözcüğü anlayabilir. Çocuğun sözcük dağarcığı doğrudan doğruya ya da başkalarına sorarak öğrendiği sözcüklerden oluşur. O artık iki sözcüklü cümle kurabilir.

Çocuk, iki sözcüğü yanyana getirerek farklı anlamlar ifade etmeye başlar. "Ne? Nerede?" soruları sormaya ve pek karmaşık olmayan yanıtlarla, basit içerikte bilgi vermeye başlamıştır.

Sık sık "Kim?, Niçin?" soruları sorar. Çocuk tarafından ilk kullanılan sözcükler isimlerdir. İsimler yeterince öğrenildikten sonra, sıra fiillere gelir. Sıfat ve zarflar çocuğun sözcük dağarcığına 1.5 yaşından sonra girer. En son kullanılan sıfatlar "iyi, kötü, güzel, yaramaz, sıcak ve soğuk"tur. Zarflar ise, "burada" ve "nerede"dir. Çocuğun en zor kavrayabildiği, "ben, benim, bana ve beni" zamirlerinin yerinde kullanılmasıdır.

Konuşma sırasında önemli olmayan bazı sözcükleri söylemeden atlayabilir.

Yoğun bir duygulanıma yol açan, heyecan, coşku uyandıran durumlarda "kekeleme" oldukça yaygın, ama aynı zamanda geçicidir.

BİLİŞSEL GELİŞİM:

9. aydan itibaren, nesnelerin sürekli olduğunu ve önünden kaldırılsa bile varolmaya devam ettiklerini anlayan çocuk, ikinci yaşla birlikte bu nesneyi bir süreçle temsil etmeye, yani sembolize etmeye başlar. Bu da kavrama ve dil gelişiminin başlangıcını oluşturur.

2 yaş çocuğu artık sözcük kullanmaya ve ilkel düzeyde de olsa ilk olarak bir sembolle, bu sembolün temsil ettiği nesne arasındaki ilişkiyi anlamaya başlar. Gözünün önünde bulunmayan nesne ya da kişiyi temsil eden bir sembol geliştirdikten sonra, sözcükle nesne arasındaki ilişkiyi anlar. Böylece önüne açılan yeni dünyayı keşfetmeye başlar.

Çocuklar büyüdükçe, yaşlarına özgü belirli birtakım düşünce biçimleri sergilerler. Örneğin, 2 yaşında bir çocuk sandalyeye çarpınca, ondan özür dileyebilir. Buna, "animizm"- cansız nesnelere yaşamsal ögeler yükleme eğilimi - adı verilir. Ona göre hareket eden her şey canlıdır: bisiklet gibi. İşlem öncesi evredeki bu çocuklar, dış dünyayı, kendi "ben-merkezli" bakış açılarından algılar, başka birinin açısından göremezler. 4 yaşında bir kız çocuğu, bir erkek kardeşi olduğunu söyleyebilmesine karşın, erkek kardeşinin de bir kız kardeşi olduğunu kavramada güçlük çekebilir.

ÇOCUĞA NASIL YARDIMCI OLUNABİLİR?

- Başarı, becerilerini geliştirmede ve bağımsızlığını kazanmada önem taşır. Bu nedenle çocuğun başarılı olmasına fırsat verin.
- Onu kendini gösterebileceği yeni şeyler denemesi için cesaretlendirin. Bağımsızlığını, özgüvenini, girişimciliğini destekleyin. Sorumluluk almasını sağlayan her girişim desteklenmelidir.
- Ona, diğer çocukları tanıtın, arkadaş ortamına sokun, ama onlarla oynaması için baskı yapmayın.
- **Ona kalemler ve pastel boyalar vererek büyük kâğıtlara çizim yapmasını destekleyin.**
- Daha uzun, karmaşık hikâyeler okuyun, masallar anlatın.
- Şarkı söyleyerek, müzik ve hikâye kasetleri dinleterek, müziğe ilgisini uyandırın.
- Boyut kavramını güçlendirmek üzere çeşitli küp, üçgen ve kareleri doğru yuvaya yerleştirebileceği kutu ve oyuncaklar sunun.
- Ritim duygusunu kuvvetlendirmek için onunla dans edin, alkışlayın ve şarkı söyleyin.
- **Tuvalet alışkanlığı; bir eğitim ve olgunluk sonucu oluşur. Yeterli kas gelişimi, zihinsel ve bedensel gelişim olmadan bu alışkanlık gerçekleşemez. Çocuğa tuvalet eğitimi esnasında, yüksek düzeydeki endişelerinizi yansıtmamaya özen gösterin.** Kontrolü kazanabildiği yaşın bir önemi yoktur, bu sebeple yakınlarınızla yarışa girme tuzağına düşmeyin. Bazı çocuklar, bu aşamayı kaydedebilmek için alt bezlerinin çıkarılmasına ihtiyaç duyarlar. Alt bezleri ıslaklık ve kirlilik içindir, bu sebeple çocuklar bunlar çıkıncaya kadar kendilerinden bekleneni anlamayabilirler.

- *Tuvalet eğitimi için:*
  - Çocuğu cesaretlendirin,
  - Bu eğitimi çok erken yaşta beklemeyin,
  - Bu eğitimin gerçekleşmesi için, çocuğu zorlamayın, ayıplamayın, cezalandırmayın,
  - Bu eğitimi ahlaki bir konu haline dönüştürmeyin,
  - Tuvalet eğitiminde "iyi" – "kötü" yoktur, "hazır olma" ve "olmama" vardır, gerçeğinden hareket edin.
  - Başarılı olsun olmasın, tuvalet eğitimindeki ilerlemeyi çocuğu önünde tartışmayın.
  - Ümitsizliğe kapılmayın.
- Çocuğun çekmeli oyuncaklarla oynamasına olanak sağlayın. Çocukla birlikte bir kutuya ip bağlayarak bir araba hazırlayın ve süsleyerek oynaması için verin.
- Çocuğun merdivenden tek başına inmesine olanak sağlayın. Çocuğun bağımsızlık çabalarını destekleyin.
- Çocukla birlikte kitap okurken çocuğun kitap sayfalarını çevirmesi için onu güdüleyin.
- Çocuğa küpleri üst üste koyması için model olun. Gerekirse elle yönlendirin. Çocuk küpleri üst üste koyarak 6-7 küpten kule yaptığında onu ödüllendirin.
- Çocuğun oyuncaklarını karıştırmasına, onlarla uğraşma ve araştırmalar yapmasına fırsat tanıyın ve çabasını destekleyin.
- Çocuktan şekilleri uygun deliklere yerleştirmesini isteyin. Yapamazsa model olun ve çocuk başardığında onu ödüllendirin.
- Çocukla birlikte kitaba bakın. Çocuğa bir resim göstererek "Bu ne?" diye sorun. Bilemezse kendiniz söyleyin ve

"Neymiş?" diye çocuğa tekrar sorun. Çocuk bildiğinde "Aferin" deyin.

- Çocukları oyun içinde iyi bir şekilde izleyin, gerektiğinde davranışlarını not alın.
- Çocuğun konuşmasına fırsat tanıyın ve konuşmalarını dikkatle dinleyin. Çocuğun konuşmalarında o, bu, ben gibi zamirleri kullanıp kullanmadığını izleyin ve bunları kullanması için çocuğa uygun sorular yöneltin.
- Çocukla ebecilik, saklambaç gibi basit kuralları olan oyunlar oynayın. Daha sonra bu oyunları grupla oynaması için onu cesaretlendirin.

?

2 YAŞINDAKİ ÇOCUK NELER YAPABİLİR?

Bu yaşın sona ermesiyle birlikte, çocuğunuz aşağıdakileri yapabilecek durumda olmalıdır:

- Elbisesine ait bir parçayı çıkarabilir.
- Bebeğini besler.
- 4 küpten bir kule yapar.
- Bir resimde iki nesneyi tanıyarak gösterir.

Not: Çocuğunuz gelişimin kilometre taşları sayılan bu dönüm noktalarından bir ya da daha fazlasına ulaşmamışsa, çocuk doktorunuza danışmalısınız. Gecikme nadiren bir probleme işaret edebilirse de, birçok durumda çocuğunuz için bu normal olabilir. Genellikle erken doğmuş bebekler, dönüm noktalarına, yaşıtlarından daha geç ulaşırlar. Bu yeterlilikleri çoğunlukla, beklenen yaşlarında (normal doğum gerçekleşseydi, olmaları gereken yaşta) veya daha sonra elde ederler.

Bu yaşın sona ermesiyle birlikte, çocuğunuz büyük olasılıkla aşağıdakileri yapabilecektir.

- 6 küpten bir kule yapar.
- Topu eliyle omzunun üstünden atar.
- Yarım yarım konuşur ve konuşması anlaşılır.
- Resimde bir parçanın adını söyleyerek tanır.
- Bir resimde 4 nesneyi tanıyarak gösterir.

Bu yaşın sona ermesiyle birlikte, çocuğunuz aşağıdakileri belki yapabilecektir:

- Zıplar
- Elbisesinin bir parçasını giyer.

Bu yaşın sona ermesiyle birlikte, çocuğunuz hatta aşağıdakileri bile yapabilecektir:

- Taklit ederek dikey çizgi çizer.
- 8 küpten kule yapar.
- 2-3 cümleyle, karşılıklı konuşmayı sürdürür.

2.5 Yaş

2.5 YAŞ ÇOCUĞUNUN GELİŞİM ÖZELLİKLERİ:

Gelişimi niteliksel bakımdan birbirinden farklı dönemler zinciri olarak tanımlayan **Vygotsky,** çocuk gelişimini krizler ve devrimler süreci olarak kabul eder. Ani biçim değiştirmeleri dengeli büyüme dönemlerini takip eder. **İşte 2.5 yaş, gelişimin en büyük kriz dönemlerinden biri olarak kabul edilir.**

"Serkeşlik evresi olarak" nitelendirilebilen bu zorlu dönemde çocuk, dengesiz, olumsuz, kararsız ve isyankârdır. Büyüklerinin sözlerini dinlemez, hatta tersini yapar, eylemleri kısıtlandığında öfkelenir, çevresinden yardım istemez ve kendi başına başarmayı amaçlar. Çünkü o, mekâna hükmetmek arzusundadır. Hareketlidir, her şeyi ellemek ister. Ancak çevrenin koyduğu yasaklar nedeniyle ilk önemli çatışma başlar. Bu dönem her çocukta görülebilen doğal bir geçiş evresidir. Ebeveynin anlayışsız tutumu ile bu ilk "karşı koyma bunalımı" uzayabilir.

2.5 yaş bir dönüm noktası ve sinir sisteminin gelişiminde bir ara evredir. Çocuğun sosyal bir duyarlılıkla yaptığı gösteriler, yardım isteği ve hayal kurma gücü bu evrede artmıştır. 2.5 yaş çocuğunun dengesi tam değildir, kas-motor mekanizması henüz mükemmelleşmemiştir. Çocuk bu yaşta seçme yeteneğine yeterince sahip olmadığından, iki olanağı birden seçer.

Bu dönem ayrıca günlük gerilimlerin etkisiyle çocuğun korkulu rüya görerek sıkça uyandığı bir dönemdir. 2.5 yaş çocuğunun farklı kutuplar arasında yalpalaması, bu dönemin önde gelen özelliğidir. Bu uç noktaları, aşırı bir faaliyetten ani bir tembelliğe, atılganlıktan utangaçlığa, güçlü bir sahip olma duygusundan aldırmazlığa, açlık çığlıkları atarken yemek istememeye, çığlık ve gözyaşlarından alçak sesle mırıldanmaya geçiş olarak örneklenebilir.

2.5 yaşında çocuk, öğrendiği kavramları genişletmek için birtakım yeni detaylar katmaktadır. Örneğin; "atın uzun kuyruğu vardır" gibi. Bir veya iki çocuk şarkısı bilmekte ve bunları kitabında bulabilmekte; daha fazla rengi tanıyabilmekte ve bazı sayıları bilerek muhtemelen 3'e kadar sayabilmektedir. Adını bilmektedir. **"Niye" sorusunu sormakta ve sık sık "hayır", "yapmayacağım", "yapamam" demektedir.** 2.5 yaş bunalımı, çocuğun kişiliğini geliştirir. Çevreye hükmederek birçok durumda istediğini yaptıran çocuk, özgürlüğün tadını almış, öz güveni artmıştır.

3 yaş dolaylarında kendini denetleyebilen, bağımsızlık duygusuyla özgürlüğünü kazanmaya başlayan çocuğun çevresiyle sürtüşmeleri azalır ve yeniden işbirliği kurmaya çalışır. Ancak bu evrede (2,5 yaş) oluşan saplantılar ve aşırı gerginlikler, ileriki yıllarda inatçılık ve direnç belirtileri şekline de dönüşebilir.

BEDEN DURUŞU VE MOTOR BECERİLERİ:

- Tüm hareket becerileri hızla gelişmektedir.
- Merdivene tutunarak ve her basamakta iki ayağını bir araya getirerek (bitiştirerek) – dengeyi sağlamak için – güven içinde merdivenlerden yukarı çıkar ve (genellikle) aşağı inebilir.
- Dengesini yitirmeden, dümdüz ileri koşar; çocuk bahçesinde veya anaokulunda bulunan bazı kolay aletlere tırmanabilir.
- Büyük oyuncakları ustalıkla itip çekebilir, ama önüne bir engel çıktığında oyuncağı yönlendirmede güçlük çekebilir.

94. Büyük bir topa hafifçe tekme atar.

95. Kalemi daha sık kullandığı eliyle tutar ve V şeklinin aynısını çizmeye çalışır.

96. Büyük oyuncakları ustalıkla iter ve çeker.

- Alçak bir basamaktan iki ayağıyla aşağı atlayabilir, kendisine gösterilirse parmak ucunda durabilir.
- Küçük topları gövdeyle eş düzeyde, bedenini pek oynatmadan fırlatır. Büyük toplara tekmeyle vurabilir, ama dengeyi pek sağlayamadan bir yana eğilerek ve hafifçe tekme atar. *(Resim 94)*

- Üç tekerlekli bisiklete oturur ve gidonu ustalıkla yönlendirir; ama pedalları kullanamadığından, bisikleti ayaklarıyla ileri iterek yürütür.

İnce Motor Becerileri Nelerdir?

- Daha sık kullandığı elini kullanarak 7 veya daha çok sayıda tahta küpü üst üste koyarak kule oluşturabilir.
- Kalemi daha sık kullandığı eliyle daha gelişmiş bir üç parmak kavrayışıyla tutar.

GRAFİK FAALİYETİN GELİŞİMİ:

Çocuğun bu aşamadaki karalama şeklindeki yaratıcı yapıtı onun zihinsel ve coşkusal gelişimini yansıtır. Bu faaliyetten haz duyan çocuk, var gücüyle karalamasına devam eder. Ayrıca karalama faaliyeti, çocuğu kas gelişiminden haberdar eder.

Çocuk çeşitli duyular aracılığıyla çevresini serbestçe keşfe çalışır. Bu yaşantılarının bazıları da, adlandırmaya başladığı karalamalarında ortaya çıkar. Çizdiği şeyler dengeli bir çeşitlilik gösterir; bunlar 2.5 yaşında sürekli ya da kontrollü hareketlere dönüşür; çocuğun çizdikleri, onları adlandırmaya başladığında daha da karmaşıklaşır. Boya kullandığında, aynı aşamaları boyama kalemleriyle yaptığı resimlerde de görmek mümkündür. Karalamalarını adlandırmaya başladığında, renk kullanmaktan ayrı bir haz duyar. Çocuk 2.5 yaşına geldiğinde karalamanın yanı sıra yatay çizgi, çember, genellikle T ve V çizmeyi taklit eder.

ALGISAL BECERİLERİ:

Çocuk Neleri Görür?

- Her iki göz ayrı ayrı örtülerek görüş engellendiğinde (görüş tek gözle sağlandığında), iğne, sicim gibi nesneleri eline alır.

- Resimli kitaplarda çok ince ayrıntıları ayırt edebilir.
- 3 m uzaklıktan, çok küçük oyuncakları her iki gözüyle tek tek baktığında ayırt edebilir.
- Bir kez gösterildikten sonra fotoğraflarda kendini tanıyabilir.

2.5 Yaş Çocuğu Ne Duyar ve Ne Söyler?

- İsmini tümüyle bilir. Oyun sırasında, bulunduğu yerde ve o anda olup bitenlere ilişkin işitilebilir ve kolayca anlaşılır biçimde kendi kendine konuşur. Ekolali hâlâ sürer.
- Heyecanlandığında, herhangi bir şeye büyük bir istek duyup coşkulandığında kekeleme oldukça yaygındır. Birkaç çocuk şarkısı söyleyebilir. Resimli kitaplardan okunan, bildiği basit öykülerden zevk alır. *(Resim 97)*

97. Resimli kitaplardan ve öykülerden zevk alır.

- Çok küçük (oyuncak bebek evi büyüklüğünde) oyuncaklarla anlamlı bir biçimde oynar. Oyun sırasında hiç durmadan akıllıca yorumlarda bulur.

SOSYAL BECERİLERİ VE OYUN:

- Kaşıkla yeme becerisi epeyce gelişmiştir; çatal da kullanabilir.
- Tuvalete gittiğinde pantolonunu veya şortunu indirebilir, ama çoğunlukla yeniden giyemez.
- Geceleri, eğer bir-iki kez tuvalete götürülürse, çoğunlukla altını ıslatmaz (çocuktan çocuğa değişir).
- Son derece canlı ve etkindir, yerinde duramaz, sürekli hareket eder ve engellendiğinde karşı çıkar. Çevredeki olası tehlikelere karşı duyarlı değildir ya da isteklerini duruma

98. Olası tehlikelere duyarlı değildir, çevreye etkince ve yoğun bir merak duygusuyla yaklaşır.

99. Basit, dramatik taklit oyunları oynar.

göre erteleme gereği konusunda pek az bir anlayışa sahiptir. *(Resim 98)*

- Engellendiğinde öfke nöbetleri geçirir; dikkatini başka yöne çekmek biraz güçleşmiştir.
- Duygusal açıdan yetişkine hâlâ oldukça bağımlıdır.
- Rol ağırlıklı dramatik oyunlar oynar (Örneğin; oyuncak bebekleri uyumaları için yatağa yatırma, çamaşır yıkama, otomobil kullanma, oyuncak ayısını trene yerleştirip seyahate çıkartma vb.); bu tür oyunlarda sık sık kendisine dostça, içtenlikle yaklaşan bir yetişkini örnek alır. Oyun oynayan başka çocukları ilgiyle izler, ara sıra birkaç dakikalığına oyunlarına katılır; ama oyuncakları ve yetişkin ilgisini paylaşma gerekliliğine ilişkin henüz yeterli bir anlayış geliştirememiştir. *(Resim 99)*

DİL GELİŞİMİ:

200 ya da daha fazla kolayca tanınabilir sözcük kullanır, ama sözcükleri söyleyişi ve kurduğu cümlelerin yapısı çocuksu özellik taşır. Sürekli olarak "Ne, kim" soruları sorar. Ben, Beni/Bana ve Sen zamirlerini doğru kullanır.

BİLİŞSEL GELİŞİM:

(Bkz. s.: 221, 5 Yaş Çocuğunun Bilişsel Gelişimi.)

ÇOCUĞA NASIL YARDIMCI OLUNABİLİR?

- "Günaydın" dendiğinde "Günaymadım" cevabının verilebildiği bu olumsuzluk evresinde çocuğunuz, başkalarıyla paylaşma konusunda zorlanacak ve onda rekabet duygusu gelişecektir. O, diğerleri üzerinde otoritesini kurmaya çalışırken; bir yandan bağımsız olmak isteyecek, bir yandan da yetişkinlerin onayına ihtiyaç duyacaktır. Zaman zaman otoriteye öfke ve terslikle karşı çıkacağı bu dönemde çocuğun olumsuz davranışlarını görmezlikten gelin, kısa bir süre ilgisiz kalın, onunla tartışmaya girmeyin, sürtüşmeyin, onun dikkatini başka bir etkinliğe yöneltirken siz de başka bir şeyle meşgul olun. Ancak olumsuz davranışı bittiğinde yeniden ilgilenin.
- Hırçınlaştığı, olumsuzlaştığı, öfke nöbeti geçirdiği dönemlerde sakin ve sabırlı bir tutum izleyin. İletişimin temel ilkelerini uygulayın: Tüm dikkatinizi ona yoğunlaştırın. Göz kontağı kurarak, kabul belirtisini beden diliyle pekiştirin. Ciddi bir yüz ifadesi takının. Ona yaklaşın ve dinleyin. Duygularına saygı gösterin, anlamaya çalışın. Kararlı bir ses tonuyla konuşun. Gerekirse dikkatini başka bir konuya yöneltin. Unutmayın ki bu kriz dönemi gelişimin normal bir evresini oluşturmaktadır. Geçicidir.
- Çabalarını daima destekleyin. Hatalarını görmezlikten gelin. Tüm başarılarını övün.
- Oyunda paylaşmayı öğrenebilmesi için başkalarına bir şeyler vermesini gerektiren oyunlar oynayın.
- Çocuğun tek ayak üzerinde bir saniye (bir göz kırpımı süre) durabilmesi için çeşitli oyunlar planlayın. Leylek gibi yürüyebilme ya da "tavuk olalım ayağımıza diken batsın hemen ayağımızı havaya kaldırıp indirelim" gibi.

- Zıplama ve ayak ucunda yürüme faaliyetlerinin yer aldığı oyunlarla, top ve koşmaca yoluyla enerjisini harcamasını sağlayın. Özellikle yeşil alanda gerçekleştirilecek, çocuğu yoran bu tür oyunlar, hem çocuğun uyku düzenine yardımcı olacak hem de günlük gerilimden arınmasını sağlayacaktır.
- Çok parçalı bir oyuncak seti temin edin. Örneğin; bir "çiftlik" kurun ve bunu, inekleri, kuzuları, atları ve tavukları saymak için kullanın.
- Resim ve boyama çalışmalarını, varolan enerjisini boşaltma vasıtası olarak düşünerek ilgisini artırın.
- Birçok sayı oyunu oynayın. Yaptığınız her çalışmaya sayıları katın. Alışveriş yaparken, giyinirken, yapmanız gerekenleri anlatırken geçen tüm kavramları birlikte sayın.

2.5 YAŞINDAKİ ÇOCUK NELER YAPABİLİR?

Bu yaşın sona ermesiyle birlikte, çocuğunuz aşağıdakileri yapabilecek durumda olmalıdır.

- Bir resmi adını söyleyerek gösterir.
- Elbisesinin bir parçasını giyebilir.
- Zıplar.
- 6 organının ismini söyler.
- 4 resmi tanıyarak gösterir.

Not: Çocuğunuz, gelişimin kilometre taşları sayılan bu dönüm noktalarından bir ya da daha fazlasına ulaşmamışsa, çocuk doktorunuza danışmalısınız. Gecikme nadiren bir probleme işaret edebilirse de, birçok durumda çocuğunuz için bu normal olabilir. Genellikle erken doğmuş bebekler, dönüm noktalarına, yaşıtlarından daha geç ulaşırlar. Bu yeterlilikleri çoğunlukla, beklenen yaşlarında (normal doğum gerçekleşseydi, olmaları gereken yaşta) veya daha sonra elde ederler.

Bu yaşın sona ermesiyle birlikte, çocuğunuz büyük olasılıkla aşağıdakileri yapabilecektir:

- 4 resmi isimlendirerek tanır.

Bu yaşın sona ermesiyle birlikte, çocuğunuz aşağıdakileri belki yapabilecektir:

- Taklit ederek dikey çizgi çizer.
- Tek ayak üzerinde 1 saniye kalabilir.
- Bir arkadaşını ismiyle tanır.

Bu yaşın sona ermesiyle birlikte, çocuğunuz hatta aşağıdakileri bile yapabilecektir:

- Tek ayak üzerinde 2 saniye kalabilir.

- Bir rengi tanır.
- İki eşyayı kullanılışına göre betimler.
- İki sıfatı tanır.
- Uzun mesafe atlar.

Kardeş İlişkileri

Kardeşler, birbirleri için hem bir özdeşim modeli oluşturur, hem de sosyal etkileşimlerin gerçekleşmesi, sevgi, güven ve sevecenlik duygularının paylaşımı için uygun bir ortam sağlar.

Kardeşin doğumu, ilk çocukta büyük bir ilgi ve koruyuculuk duygusu uyandırmakla birlikte, biraz sıkıntıyı ve çelişik duyguları da beraberinde getirir.

Uzmanlar, yeni bebeğin doğumuyla birlikte annelerin büyük çocuğa daha az zaman ayırdıklarını, eskisi kadar sevecen davranmadıklarını ve onunla daha az oyun oynadıklarını gözlemlemişlerdir. Bu yaklaşım, bebeğe karşı kızgınlık, kırgınlık gibi duyguların geliştirilmesine ya da bu tür duyguların anababaya yöneltilmesine yol açabilir. **Çocuk kendini terk edilmiş, güvensiz ve desteksiz hissetmeye başlar.** Kardeşe karşı hınçla dolar. Bunun yanı sıra, zamanla, büyük çocuk kaybettiği ilgiyi geri kazanmak için bebekleşip gerileme davranışı da gösterebilir (emekleme, kardeşi gibi biberonla süt içme gibi). Bunun yanı sıra; kardeşin doğumuyla birlikte, sevilmediği düşüncesiyle anneden tamamen uzaklaşan, içine kapanan, yemek yememeye, zayıflamaya başlayan, büyük tuvaletini tutma ya da kaçırma gibi belirtiler sergileyen örneklerimiz bulunmaktadır.

Kardeş kıskançlığından doğan olumsuz duyguları, henüz tümüyle yerleşmeden en aza indirmenin birçok yolu vardır. Babalar, büyük çocuğa daha çok zaman ayırabilir; anneler de bebeğin bakımı konusunda büyük çocuktan yardım alabilirler. Annelerin büyük çocuğa ayırdıkları zamanı nitelik açısından elverdiğince iyi kullanmaları oldukça önemlidir. Bununla birlikte dengeyi kaçırarak büyük çocuğa gösterilen aşırı ilgi ve ayrıcalık da pek yararlı olmamaktadır.

Çocuğun, bebeğe sevecen biçimde yaklaşmaya özendirilmesi ve olumsuz davranışlarına engel olunmasıyla, kardeşler arasında olumlu ilişkilerin gelişmesine yardımcı olunur.

Araştırmalar yakın yaşlardaki kardeşlerin daha çok çatıştıklarını göstermekle birlikte, aralarında az yaş farkı olan kardeşler, duygusal açıdan daha yakın olmaktadırlar. Çocuklar kardeş ilişkilerini genellikle çatışma ağırlıklı görmelerine karşın, kardeşlerin arkadaşlardan daha önemli bir yere sahip olduğuna inanmaktadırlar.

Büyük çocuğun bir bağlılık kaynağı, özdeşim modeli, oyun arkadaşı ve toplumsallaştırma etkeni olarak üstlendiği roller, kardeş ilişkisinin olumlu yönünü oluşturmaktadır.

Anne, çocukların yanından ayrıldığında, büyük çocukların yarıdan fazlasının kardeşlerini kucaklayarak ya da onlara güven verici rahatlatıcı sözler söyleyerek, kaygı içindeki kardeşleriyle ilgilendikleri görülmektedir.

Bunun yanı sıra, büyük çocuk, kimlik gelişimi ve sosyal gelişim açısından kardeşleri için önemli bir özdeşim modeli oluşturur. O, çocuk oyunları, ilk okuma alıştırmaları ve oyun alanında uygun davranışlar gibi bilişsel ve fiziksel becerilerin kazanılmasında kardeşlerine yol göstererek, öğretmen rolünü üstlenir. Kardeşler, paylaşma, görüş alışverişi, empati duygusu geliştirme ve yardımlaşma gibi toplumsal ilişkileri birbirlerinden öğrenirler.

Kardeşin varlığı, çocukların oyuncak ve kitap sayısını çoğaltmakta, çevrelerini zenginleştirmektedir. Büyük çocukların, daha ileri düzeydeki hayali oyunlarını kardeşleriyle birlikte oynamaları, duygusal ve bilişsel gelişim açısından destekleyici olabilmektedir.

Kardeşlerin, birbirlerine doğuştan gelen bir özellikle daha

koruyucu ve iyiliklerini düşünerek davranacakları görüşü oldukça yaygındır. Bununla birlikte kardeşler, aynı anne-babanın tüm ilgi, sevgi ve sevecenliğini paylaşmak zorunda olduklarından, birbirleriyle rekabet içindedirler.

İlk doğanlar, daha küçük çocuklara oranla bazı sorumluluklar üstlendiklerinden, liderlik özellikleri geliştirmeye ve toplumsal ilişkilerde egemen olmaya daha uygundurlar. Kardeşleriyle karşılaştırıldıklarında, ilk çocukların kendi yeteneklerini kavrayışları daha güçlüdür; bu da, onların "kendine yeterlik" duygularını geliştirir. Küçük kardeşlerin bakımını üstlenme hem duygusal gelişimi destekler, hem de çocukları, sosyal ilişkilerinde başkalarının iyiliğine yönelik ve koruyucu yaklaşımları benimsemeye özendirir.

Ailede egemen olan sosyal ve bilişsel ortam, ilk doğan çocuk için oldukça farklıdır. En az dokuz ay boyunca anne-babanın tüm ilgisi ilk doğan üzerinde yoğunlaşmaktadır; üstelik, anne-babalar ilk çocuklarına karşı, genellikle daha yüksek bir beklenti içinde olmaktadırlar.

Uzmanlar, ailelerin ilk çocuklarına daha katı bir tutumla yaklaştıkları, sonradan doğan çocuklara daha esnek ve hoşgörülü olmaya başladıklarını kabul etmektedir. Örneğin, anne-babalar zamanla, sonra doğan çocuğun uyku saatinin daha geç olmasına boyun eğmişler, öğün arası atıştırmalara izin vermiş ve tuvalet eğitimi için çocuğun biraz daha büyümesini beklemişlerdir. İlk doğan çocukların, duygusal açıdan, kendilerini suçlu hissetmeye daha eğilimli, başkalarına daha bağımlı, daha az saldırgan ve daha uyumlu bir yapıda oldukları görüşü oldukça geçerli olmaktadır.

KARDEŞ KISKANÇLIĞI:

Doğal bir duygu olan kıskançlık, sevilen kişinin bir başkasıyla paylaşılamamasından ve temelde güvensizlikten kaynaklanır. Çünkü çocuk o ana kadar kendine yöneltilen ilgi ve dikkatin yeni doğan kardeşine yöneltildiğini yaşamaktadır. "11 aylık kardeşine sokaktaki insanların bile yoğun ilgi gösterdiğini gören bir 4 yaş çocuğu, aynı dikkati çekebilmek amacıyla kardeşinin pusetini taşıdığını söylemektedir."

Burada önemli olan anne ve babanın çocuğa "**kardeşin doğdu ama, senin dünyanda değişen bir şey yok, sana olan sevgimizde bir azalma yok**" gerçeğini yaşatmasıdır. Bu, sözle değil, eylemle gerçekleştirilebilir. Baba çocuğuyla yüzyüze iletişim gerçekleştirir, ona zaman ayırır, ortak faaliyetlere girerse; anne "alışverişi seninle daha rahat yapabiliyorum, senin yardımına ihtiyacım var" diyerek çocuğa sorumluluk yükleyip, bire bir ilişkiye girerse, süreç içinde çocuk "**statü**" kaybına uğramadığını fark edecek, **özgüvenine yeniden kavuşacaktır.**

Fakat ne yazık ki, anahtar kişi olan anne-baba, "kardeş kıskançlığı" karşısında zaman zaman zorlanmakta ve hatalı tutumlar geliştirebilmektedir. Örneğin kıskanan çocuğu üzmemek için ana baba o güne kadar izlediği tutarlı çizgisinden saparak "**ağlayan çocuğun ağlamasının ardından isteklerine cevap verme**" gibi yanlış bir tutum sergileyebilmektedir. Böyle olunca çocuk da, "ağlayarak isteklerine kavuşma" gibi bir sağlıksız alışkanlık edinmiş olacaktır.

Ağlayarak isteğinin yapılması tıpkı "istenen davranışın" öğrenilip geliştirilmesi gibi öğrenilir ve pekiştirilir. Başka bir deyişle, ağlayan çocuk farkında olmadan ödüllendirilmiştir, böylelikle de davranışı pekiştirilmiş olur. Bu şekilde, kıskançlığı azaltma adına başka bir pedagojik yanlış yapılmış olur.

Kardeş Kıskançlığı Yaşanan Durumlarla Nasıl Başaçıkılabilir?

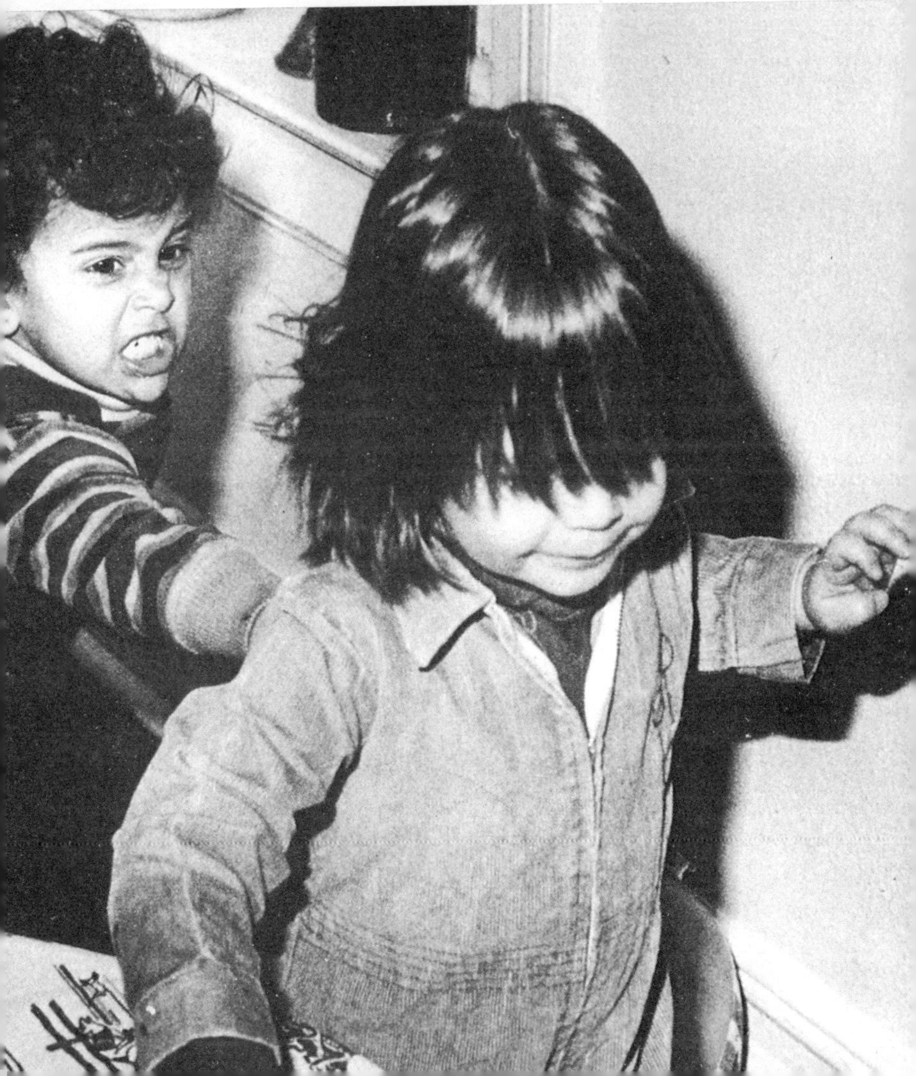

Kardeşe yönelik olumsuz duyguları reddedip, ele almamak yerine, onları kabul edin, tanıyın.

Duyguyu reddetmek yerine...

Duyguları sözcüklerle ifade edin.

Çocukların, düşmanca duygularını, simgesel veya yaratıcı yollara kanalize etmelerine yardımcı olun.

Bunun yerine...

Duygularını yaratıcı bir şekilde ifade etmeye özendirin.

Çocukların diledikleri, fakat gerçekte varolmayan bir durumu, onlara düş dünyalarında sunun.

Bunun yerine...

Çocuğun ne dileyebileceğini sözcüklerle ifade edin.

Bunun yerine...

Çocuğun ne dileyebileceğini sözcüklerle ifade edin.

Uygun olmayan karşılaştırmalardan sakının.

Bunun yerine...

Sorunu belirtin, anlatın.

Bunun yerine...

Sorunu belirtin, anlatın.

Çocuklara, eşit şekilde davranmaya gerek yoktur. Her birine, ayrı ayrı, kendi gereksinim ve kişilik özelliklerine uygun biçimde davranılması gerekir. Eşitlik ***duygusundan çok*** adalet ***duygusu geliştirilmelidir.***

Eşit miktarda paylaştırmak yerine...

Her çocuğun, bireysel gereksinimine göre paylaştırın.

Sevginizin eşit olduğunu göstermeye çalışmak yerine...

Her çocuğa, bir diğerinden ayrı olarak, sadece kendisine özel bir sevgi duyulduğunu gösterin.

Eşit zaman ayırmaya çalışmak yerine, her çocuğa, kendi gereksinimine göre zaman ayırın.

Dikkatinizi hemen, sorun çıkarana yöneltmek yerine, zarar gören çocukla ilgilenin.

Hiçbir şekilde, çocuğu "mağdur, ezilen" olarak nitelendirmeyin.

Onu "mağdur, ezilen" gibi görerek davranmak yerine...

Ona, kendi haklarını nasıl savunabileceğini gösterin.

Hiçbir şekilde "Sorunlu Çocuk" nitelendirmesine yer vermeyin.

Dikkatinizi, çocukların yetersizliklerine yöneltmektense, onların yeterli olduğu konular (yetenekleri) üzerinde durmaya çalışın.

Kardeşler arasında tartışmaya neden olan paylaşılamayan oyuncağı kısa bir süre **dinlendirmek**, iki çocuğun da ulaşamayacağı bir yere kaldırmak bir başka çözümdür.

Kavga etmekte olan çocukların aralarındaki sorunu çözmelerine pek (de) yardımcı olmayan yaklaşım biçimleri:

Kavga etmekte olan çocukların, aralarındaki sorunu çözmelerine yardımcı olan yaklaşım biçimi:

Çocuklar, aralarındaki sorunu çözmeye çalışıyor.

Çocuklar arasındaki çatışmayı, çözümleyici bir biçimde ele alma:

1. Aşama: Normal boyutta dalaşma (ağız dalaşı)

1) İlgilenmeyin. Bir sonraki tatiliniz hakkında düşünün.
2) Çocukların, aralarındaki çatışmaya bir çözüm getirme konusunda önemli bir deneyim yaşamakta olduklarını düşünün.

2. Aşama: Çatışma gittikçe kızışıyor. Yetişkinin araya girmesi yararlı olabilir.

1) Kızgınlıklarını kabul edin, anlayışla karşılayın.
   "Her ikiniz de birbirinize çok kızmış görünüyorsunuz."
2) Her çocuğun bakış açısını (görüşünü) dile getirin.
   "Ayşe, o halde, sen, yavru köpek daha yeni yeni kucağına yerleşmiş olduğundan, onun biraz daha sende kalmasını istiyorsun. Ve sen Ahmet, köpeği kucağına alma sırası sana da gelsin istiyorsun."
3) Küçümsemeden ve ilgiyle durumu anlatarak, soruna açıklık getirin.
   "Bu gerçekten karışık bir durum: İki çocuk ve sadece bir köpek."
4) Çocukların aralarındaki sorunu kendi kendilerine çözümleyebilecekleri konusunda, güveninizi belirtin.
   "Hem her ikinize hem de köpeğe uyan bir çözüm yolu üretebileceğinize inanıyorum."
5) Odadan ayrılın.

3. Aşama: Çatışma, tehlikeli olabilecek gibi göründüğünde...

1) Sorgulayın.
   "Bu sadece bir oyun tartışması mı, yoksa gerçek bir kavga mı?" (Oyun biçiminde tartışmalara izin var, fakat gerçek kavgalara yer vermek yok.)

2) Çocukların sınırları bilip, kuralı benimsemelerini sağlayın.

"Ancak, her iki taraf da gerçekten istiyorsa oyun biçiminde tartışılabilir." (Eğer her iki taraf için de eğlenceli değilse, tartışmaya son vermek gerekiyor.)

4. Aşama : Çatışma, çocukların birbirine zarar vermeye başladığı, kesinlikle tehlikeli boyutlara ulaştığında! Yetişkinin araya girmesi şart.

1) Ne görmekte olduğunuzu anlatın.

"Birbirlerine zarar vermek üzere olan iki tane çok öfkeli çocuk görüyorum."

2) Sınırları belirleyin.

"Bu çok tehlikeli bir durum. Kavganın yatışması için biraz ara vermeliyiz!"

3) Çocukları ayırın.

"Çabuk! Her ikiniz de odalarınıza!"

Ebeveynin taraf tutmadan iki çocuğu da kendi odalarına göndermesi şeklindeki **"ara verme"** yöntemi, anne-babaya objektif davranma fırsatı verdiği için etkilidir.

Çocuklar, aralarındaki sorunu kendi kendilerine çözemedikleri zaman...

1) Çatışan tarafları bir araya toplayıp, bir görüşme yapın. Amacınızı ve temel kuralları açıklayın.
2) Her çocuğun duygularını, görüşlerini ve kaygılandığı noktaları yazın ve sesli bir şekilde okuyun.
3) Karşı görüşü çürütüp kendi görüşlerini savunmaları için, çocuklara zaman tanıyın.
4) Herkesi çözüm yolları bulmaya çağırın. Herhangi bir değerlendirme yapmadan, tüm fikirleri yazın.
5) Hepinizin uyabileceği çözüm yollarında karar kılın.
6) Kararları uygulayın.

Taraf tutmadan, desteğe gereksinim duyan çocuğa yardımcı olma.

Ahmet — Baba, okul ödevim olan haritayı bitiremiyorum. Boya kalemlerini bana vermesini söyle!

Ayşe — Hayır, çizdiğim çiçeği daha boyamadım bile.

1) Her çocuğun durumunu belirleyip dile getirin.

"Şimdi, konuyu açıklığa kavuşturalım. Ahmet, senin, ödevini bitirebilmek için boya kalemlerine ihtiyacın var. Ve sen Ayşe, resmini boyamayı bitirmek istiyorsun."

2) Kuralı veya daha önemli olan durumu saptayıp açıklayın.

"Öncelik sırası ödevlere verilir."

3) Çocuklar arası herhangi bir görüşme ve anlaşma olasılığına uygun bir ortam bırakın.

"Fakat, Ahmet, kız kardeşinle bu konuda bir anlaşmaya varmak istiyorsan eğer, o artık sana kalmış bir şey."

4) Oradan ayrılın, çocukları başbaşa bırakın.

Bütün bunların dışında büyük çocuğa kardeşinin doğmasına rağmen ona olan sevginin azalmadığını söylemek ve eylemle kanıtlamak, böylelikle çocuğun kaygısını azaltmak gerekir.

Bu amaçla anne ve baba, büyük çocukla yüzyüze iletişimi sürdürmeli, ortak etkinlikte bulunmalıdır. Birlikte sinema, müze, kitapçıya gitmek, balık tutmak gibi.

Anne-baba, kardeşin doğumundan önce büyük çocuklarını hazırlamalı, onun yardımıyla küçük kardeşi besleyip büyüteceklerini söyleyerek temizlik, beslenme ve oyun etkinliğinde ondan yardım istemelidir.

Kardeşin doğumuyla birlikte büyük çocuğu yuvaya başlatmak ya da büyükanneye göndermek gibi çocuğa "dışlandığını düşündürecek" belirgin hatalardan kaçınılmalıdır.

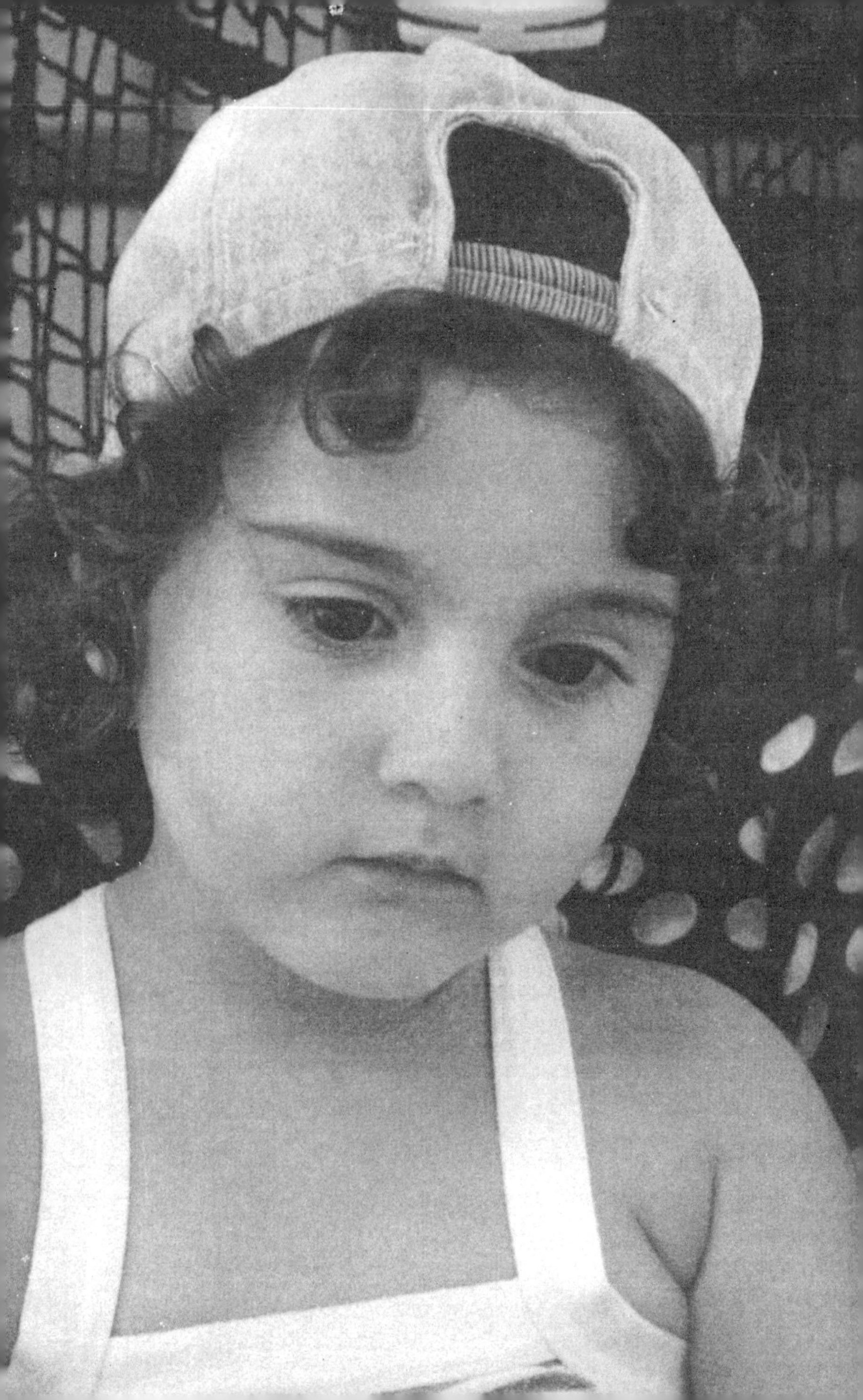

3 Yaş

3 YAŞ ÇOCUĞUNUN GELİŞİM ÖZELLİKLERİ:

3 yaşından itibaren OYUN çağına giren çocuk, motor becerilerinin gelişmesiyle çevre üzerinde egemenlik kurmakta ve bunu giderek genişletmektedir. Sayı sayma, şarkı, şiir öğrenme ve çevresindeki dünya hakkında sorular sorma gibi alanlarda dil ve bilişsel yetenekleri ilerlemektedir. 3 yaşındaki çocuk artık çevresinde kendisinden bağımsız bir dünyanın varlığını ve kendisinin o dünya içinde bir birey olduğunu kabul etmiştir. Bu evrede çocuk kendine özel ayrı bir **benlik** ve **cinsiyet duygusu** geliştirmeye başlar.

3 yaş çocuğunun konuşabilmesi bireylerarası ilişkilerin daha anlamlı bir şekilde gelişmesinde büyük rol oynamaktadır. Piaget'nin belirttiği gibi çocuk giderek bene-dönük (benmerkezci – egosantrik) bir durumdan topluma dönük (sosyosantik) bir duruma doğru hızla ilerlemektedir. Çevreden ve diğer insanlardan ayrı bir birey olduğunu kavrayan çocuk, artık "nasıl bir kişi olacağını" araştırma yoluna girmiştir.

Vygotsky; belirli çevresel faktörlerin etkisinin yaşa ve çocuğun kişiliğine bağlı olarak değiştiğini ileri sürer. **Ona göre farklı çocuklar aynı çevreyi farklı deneyimler.**

Çocuk, yaşayan çevrenin bir parçasıdır. Çevre çocuğun dışında olmayıp, çocuk değiştikçe sosyal çevre de değişir. Yürüyen çocuk emekleyen çocuktan farklı bir çevrede yaşar. Aynı durum konuşan ve henüz konuşmayan çocuk için de geçerlidir.

3 yaş çocuğu kazandığı güven ve özerklik duyguları oranında yavaş yavaş çevresini keşfetmekte ve çevre üzerinde bir denetim gücü kazanmaktadır. Bu amaçla kendi bedenine, cinsel farklılıklara ve çevrede olup biten her şeye karşı bir merak ve öğrenme eğilimi gösterir. 3 yaş, cinsel-benlik duygusunun başladığı, cinsel rollerin belirlendiği bir dönemdir. 3 yaşında çocuğun, toplumun cinsiyete karşı tutumlarını da dikkatle izlediği ve öğrenmeye çalıştığı görülür.

Bu dönemde çocuk, giderek daha olumlu ve dengeli bir birey haline dönüşmeye başlar. Bu evrede rastlanan ani öfke belirtileri çoğunlukla eşyaya yönelmiştir. Örneğin, yetişkinin: "Niçin koşuyorsun?" sorusuna, çocuk, olayı rasyonalize ederek: "Çünkü merdiven koş koş diyor," yanıtını verebilir.

3-4 yaşlarında çocuklar, grup halinde oynamaya, oynarken birbirleriyle konuşmaya ve grup içinde oynamak istediklerini seçmeye başlarlar. En çok rastlanan ortak davranış, birbirlerini seyretme ve konuşmadır.

Okulöncesi dönemde gündüz yaşanan olaylar ve korkulu yaşantılar uykuda da etkisini sürdürür. Buna bağlı olarak çocuk, geceleri korkulu düşler görebilir.

BEDEN DURUŞU VE MOTOR BECERİLERİ:

- Merdivenlerden yukarı ayak değiştirerek çıkar ve aşağı inerken – dengeyi sağlayabilmek için – her basamakta iki ayağını bitiştirir.
- Çoğunlukla en alt basamaktan (iki ayağı bir arada) atlayabilir. *(Resim 101)*
- Çocuk bahçesi veya yuvasındaki aletlere çeviklikle tırmanabilir.

100. Büyük bir oyuncak taşıyarak merdivenlerden yukarı çıkabilir, aşağı inebilir.

101. (İki ayağını bitiştirip) En alt basamaktan aşağı atlayabilir.

102. Kısa bir süre için tek ayağının üstünde durabilir.

- Koşarken ve büyük oyuncakları itip çekerken önüne çıkan engelleri aşabilir, köşeleri dönebilir.
- Büyük oyuncakları sürükleyerek ileriye, geriye, yanlara doğru vs. eksiksiz bir güvenle rahatça yürür.
- Kendi beden hareketlerini ve boyutlarını, çevresindeki nesnelere göre belirgin biçimde değerlendirip kavrayabilir.
- Pedalları kullanarak üç tekerlekli bisiklete binebilir; pek keskin olmayan dönüşlerde bisikleti ustalıkla yönlendirebilir.
- Parmak ucunda durabilir ve yürüyebilir.
- Kendisine gösterildiği zaman, tek ayağının (daha sık kullandığı ayağı) üzerinde kısa bir süre durabilir. *(Resim 102)*
- Ayak bileklerini üst üste / çapraz koyarak oturabilir.
- Topu omuzdan yukarı atabilir; kendisine atılan büyük bir topu yakalamak için uzanır ve topu kollarının üstünde veya arasında tutar.

İnce Motor Becerileri Nelerdir?

- Her iki göz ayrı ayrı örtülüp görüş kısa bir süre engellendiğinde, iğne, iplik ve benzeri nesneleri isteyerek eline alır.
- Her iki elini işbirliği içinde ustaca kullanarak, 9 tahta küple kule oluşturabilir ve (3.5 yaşına doğru) örneğe bakıp 3 küple (ikisi aralıklı olarak yan yana, diğeri üstte) köprü yapabilir. *(Resim 103-104)*
- İpliğe büyük tahta boncuklar dizebilir.
- Kalemi daha sık kullandığı eliyle, ilk iki parmağı ile başparmağı arasında ucuna yakın tutar ve el-parmak hareketlerine egemen bir biçimde, ustaca kullanır.
- Makas kullanabilir. *(Resim 105)*

104. Örneğe bakarak, tahta küplerle birkaç köprü yapabilir.

103. 9-10 tahta küpü üst üste yerleştirip kule oluşturur.

106. V şekli ve çember örneğine bakıp aynısını çizer.

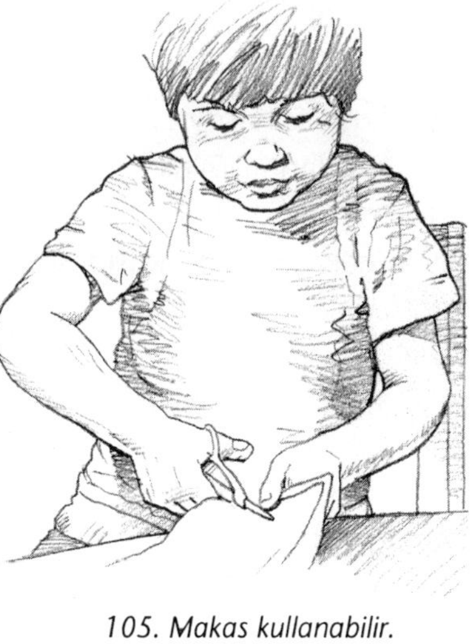

105. Makas kullanabilir.

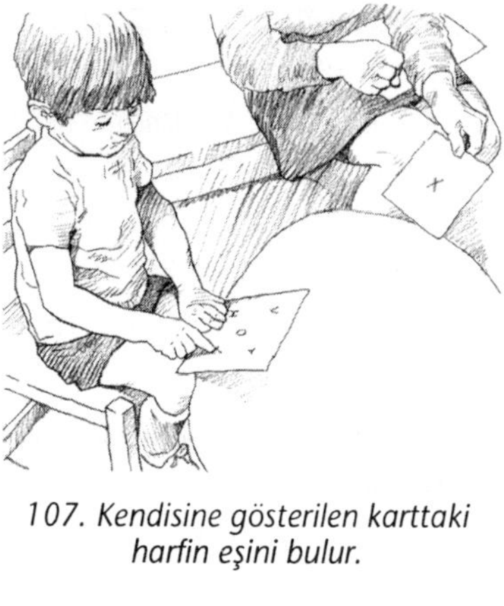

107. Kendisine gösterilen karttaki harfin eşini bulur.

GRAFİK FAALİYETİN GELİŞİMİ:

3 yaş çocuğu çok tipik olarak adam resmini bir baş olarak çizer, zira bu yaştaki çocuğa en önemli görünen kısım baştır. Bu evredeki tipik bir insan figürü çizimi, başı gösteren bir daire ile bu daire içine çizilen iki yuvarlak göz ya da ağızdan ibarettir.

Çemberin (ayrıca V H T şekillerinin) aynısını çizer. Taklit ederek çapraz yapmaya alışır. İki-üç temel rengi uygun biçimde eşleştirir (genellikle kırmızı ve sarıyı ayırt eder, ama yeşille maviyi karıştırabilir). Renklerin isimlerini bilebilir.

Resim sehpasında, büyük bir boya fırçasıyla resim yapmaktan çok hoşlanır; kâğıdın tümünü renklerle süsler ya da etkinliği sırasında veya sonrasında isimlendirdiği ilkel "resimler" yapar.

3 Yaş Çocuğu Ne Duyar ve Ne Söyler?

- Konuşurken, ses tonunu duruma göre değiştirir, yükseltip alçaltır.
- Sözcük dağarcığı oldukça gelişmiştir, sözleri yabancılar tarafından da anlaşılabilir; yine de, konuşması hâlâ çocuksu nitelikte birçok öge ve dilbilgisi kurallarınca pek alışılmamış ifade kalıpları içerir.
- Adını, soyadını, cinsiyetini ve (bazen) yaşını söyleyebilir.
- Kişi zamirlerini, çoğul isimleri ve edatların büyük bir bölümünü uygun biçimde kullanır.
- Sembolik oyunlar da dahil pek çok etkinlik sırasında, özellikle şimdiki, şu andaki duruma ilişkin uzun monologlarla, hâlâ kendi kendine konuşur.
- Başkalarıyla basit içerikte konuşmalara katılabilir, o andaki/etkinliklerinden ve geçmiş deneyimlerinden kısaca bahsedebilir.
- "Ne", "Nerede" ve "Kim"le başlayan pek çok soru sorar.
- Öyküleri büyük bir istekle dinler; en çok sevdiklerini defalarca dinlemek için ısrar eder.

- Bildiği birkaç çocuk şiirini ezbere okuyabilir ve (bazen) çocuk şarkılarını söyleyebilir.
- 10'a kadar ya da daha fazla ezbere sayabilir.

SOSYAL BECERİLERİ VE OYUN:

Sembolik oyun bu evrede gelişimini sürdürür. Çocuk sembolize ettiği şeylerle ilgilidir. Çocuk, sembolik hareket biçimleri aracılığıyla dış dünyayı kendi benliğine özümler. O, uyur gibi, el yıkar gibi yapmaktan hoşlanır. Parmağını gazete satırlarında gezdirerek okur gibi yapmak, telefon eder gibi görünmek çocuğa haz verir. Bebeğine "Aylin seni döverim. Seni bir alt gruba gönderirim," diye tehdit savururken gündüz yuvada yaşadıklarını yansıtarak rahatlar. Bunun yanı sıra çocuk, korkusunu oyun aracılığıyla nötralize edebilir. Örneğin suyla oynaması yasaklanan çocuk, boş kabın içinde su varmış gibi oynar. Kardeşini kucağına alması yasaklanan çocuk, bebeklerini kardeşi gibi kucağında taşır. Burada taklit sembolize edicidir, çocuğun eyleminde sembolize edilmiştir. Bu yüzden saf taklitten değil, oyundan söz ederiz.*

- Yemek yerken kaşık ve çatal kullanır.
- Ellerini yıkar, ama kurularken gözetim altında tutulmalı, gerekirse yardım edilmelidir. *(Resim 108)*
- Pantolonunu, şortunu, kilodunu indirebilir ve yeniden yukarı çekebilir; ama düğmeleri iliklemede, fermuar kapatmada ya da başka tür bağ ve iliklerde yardıma gereksinim duyar. *(Resim 109)*
- Geceleri altını ıslatmaz (çocuktan çocuğa değişir).

---

* *Çelen, Nermin. "4-6 yaş çocuklarının sayı ve mekân korunumu kazanmasında sembolik oyunun işlevi" Ank. Üniv. Soyal Bilgiler Enstitüsü, yayımlanmamış doktora tezi, 1992.*

- Genelde, daha yumuşak ve sevecen bir tutum içindedir. Çevresindekilere sevgiyle ve güvenle yaklaşır.
- Ev işleri, bahçe işi, alış veriş gibi etkinliklerde yetişkine yardımcı olmaktan hoşlanır.
- Çevreyi derli toplu tutmaya özen gösterir.
- Kendi hayal gücünün ürünü olan kişiler ve nesnelerle dolu sembolik oyunlar oldukça canlı ve inandırıcıdır. *(Resim 110)*
- Kendi başına veya kardeşleriyle birlikte, tahta küp, kutu, oyuncak trenler, bebekler, beşikler ve benzeri nesnelerle yerde oyun oynamaktan zevk alır.
- Oyun sırasında kendi kendine konuşma giderek azalır ve yerini başkalarıyla konuşmaya bırakır.

108. Ellerini yıkar ve denetlenerek / gözetim altında kurular.

109. Kilodunu – pantolonunu, şortunu – indirip yeniden yukarı çekebilir.

110. Canlı ve inandırıcı bir biçimde gerçekleştirilen sembolik oyun oynayabilir.

- Başka çocuklarla, etkince sembolik oyun oynar, onların oyunlarına katılır.
- Oyuncak, şeker gibi nesneleri paylaşma anlayışı gelişmiştir.
- Küçük kardeşine sevgi gösterir, sevecen bir biçimde yaklaşır.
- Şimdi ve geçmiş kavramları arasındaki farka; isteklerinin yerine getirilmesini duruma göre erteleme gereğine değin az çok yeterli bir değerlendirme yapabilir.

DİL GELİŞİMİ:

Cümleler daha gramatik hale gelmiştir. Artık aralarında neden-sonuç ilişkisi bulunan düşünceler, bileşik önermeler olarak tek bir cümleyle ifade edilmeye başlar.

Piaget'ye göre 3-6 yaş arasındaki konuşmalar "benmerkezli"dir. Benmerkezli konuşma, "çocuğun oynarken ya da çalışırken kiminle konuştuğunu ya da başkası tarafından dinlenip dinlenmediğini bilme ihtiyacı duymadan yaptığı konuşma" olarak tanımlanmaktadır.

Bu evrede çocuk konuşurken başkalarının görüş açısını dikkate alamaz.

Çocuk, 300 civarında kelime bilmekte ve kendi kendine, uzun süren konuşmalar yapmaktadır. Dili büyük bir istekle kullanmakta ve yeni kelimelere karşı ilgi duymaktadır. Dinlemeye devam etmekte, merakı gittikçe artmaktadır. Akıcılık sürekli gelişmekte, ancak bazı sözcükler telaffuz edilemeyebilmekte veya bazıları yanlış söylenebilmektedir.

Çocuk, "Ve" kelimesini kullanmakta ve düşüncelerini ekleyebilmektedir. Öykülerden ve büyüklerin sohbetlerinden zevk almaktadır. Basit cümlelerle, bir konudan başka bir konuya atlayabilmektedir.

"Ben" ve "Sen" kelimelerini doğru şekilde kullanabilmektedir. Geçmiş, şimdiki zaman ve gelecek kavramlarını anladıkça zaman belirten sözcükler kullanabilmeye başlamaktadır. Zamir ve bazı basit edatları uygun biçimde kullanmaktadır.

3 yaşındaki bir çocuk, değişik renkler hakkında kavramlara sahiptir. Belirli sözcüklerin renk adları olduğunu bilebilir, ancak hangi adın hangi renge ait olduğunu bilmeyebilir. Mavi rengi adlandırması istendiğinde kırmızı diyebilir.

BİLİŞSEL GELİŞİM:

(Bkz. s. 221, 5 Yaş Çocuğunun Bilişsel Gelişimi)

ÇOCUĞA NASIL YARDIMCI OLUNABİLİR?

Cinsel kimliğin oluşmaya başladığı bu evrede çocuk anne ve babasına Ben kimim? Nereden geldim? Çocuk nasıl oluşur? gibi cinsel içerikli sorular yöneltebilir. Merak ve öğrenme eğiliminin doğal bir uzantısı olan bu tür sorular, yadırganmadan olağan karşılanmalı ve çocuğun gelişim düzeyine uygun olarak basit, kısa, doğru cevaplar endişesiz bir şekilde verilmelidir. Cinsel eğitim ne çok erken ne de çok geç olmalıdır. Çocuğun gelişim düzeyine uymayan bilgi, güçlük yaratır. (Ayrıntılı bilgi için bkz. Haluk Yavuzer, **Ana-Baba ve Çocuk**.)

- Çocuğa büyük kâğıtlar, kurşunkalem, pastel boya ve kuru boya vererek resim yapmaya özendirin.
- Önce tek tek adlarını sorarak çocuğun nesneleri tanıyıp tanımadığını anlayın ve özelliğini söylediğiniz oyuncakları size vermesini isteyin. "Bana kırmızı kovaları ver", "Bana büyük arabayı ver", "Bana aynı büyüklükte olan topları ver" gibi.
- Çocuk, yetişkinlerden çok yaşıtlarıyla konuşmak isteyecektir. Bu sebeple diğer çocuklarla bir arada olması için ortamlar hazırlayın. Bu, dil gelişimi için faydalı olacaktır. Anaokulunu önemli kılan nedenlerden biri de budur. Bu yaşlarda konuşma, fazlasıyla benmerkezci (egosantrik) olma eğilimindedir ve zaman içinde sosyal hale getirilebilir. Böylece dil gelişimi için çocuğun, diğer çocuklarla ilişki kurmasını sağlayın.
- 3 küpten köprü yapın ve çocuğa model olun. Çocuğa da 3 küp vererek köprü yapmasını isteyin. Gerekirse yardımcı olun ve çocuğu köprü yapmada cesaretlendirin.

- Çocukla birlikte önceden hazırladığınız değişik boyuttaki nesnelerle önce büyük-küçük, sonra uzun-kısa ile ilgili oyunlar oynayın. Örneğin "Bana büyük bebeği ver" deyin. Ardından küçük bebeği isteyin. Daha sonra oyuncaklar içinden büyük bebeği ve küçük bebeği bulup yanyana koymasını isteyin. Büyük-küçük oyununu doğru olarak oynayıp bitirdikten sonra, "uzun-kısa" oyununa geçin.
- Çocuğun yaşına uygun resimleri içeren bir kitabı, çocuğun resimlerini görebileceği şekilde tutun. Resimdeki olayı anlatın ve diğer sayfadakileri de çocuğun anlatması için onu cesaretlendirin. Çocuğa sorular sorarak neden-sonuç ilişkisi kurmasına, olayları doğru sıralamasına yardımcı olun.

Başlangıçta çocuk, kolayca elinde tutabileceği, kısa öykülerle, ilginç resimleri içeren küçük kitapları sever. Bu kitaplar çoğunlukla gerçekdışı olaylardan oluşmaktadır. 3-4 yaş çocukları, kendilerine resimli öykü kitaplarının okunmasını isterler. Çocukların büyük bir bölümü birtakım hayali serüvenlerden oluşan öyküleri dinlerken büyük zevk duyarlar ve bu öykü kahramanlarıyla kendilerini özdeşleştirirler.

- Çocuğun önüne değişik renklerdeki oyuncakları koyun ve birer birer renklerini sorun. Çocuk, bir oyuncağın rengini doğru söylerse onu ödüllendirin.
- Sözel olarak çocuktan oyuncağı kutunun üstüne, yanına, altına, önüne, arkasına koymasını isteyin. Çocuk doğru yaptığında onu "aferin" diyerek ödüllendirin. Bilemediğinde isteğinizi tekrarlayın veya yaparak gösterin.
- Çeşitli olayları anlatan resimleri dergilerden keserek

çocukla birlikte kartona yapıştırın ve sıra ile çocuğa kartları gösterin. Ona "Bu çocuk ne yapıyor?", "Bu çocuğa ne olmuş?" gibi sorular sorun. Cevap vermesi için onu cesaretlendirin.

- Çocuğun zaman içinde bağımsızlığını öğrenebilmesi için kendi kendine yetmesine ortam hazırlayın; gardroptan yazlıkları kaldırarak çocuğa kışlıklar arasından kendi elbisesini tek başına seçebilme şansı verin. Kararlarına karışmayın. Bu nedenle onunla sürtüşmeye girmeyin. Seçimine saygılı olun.
- Birlikte gittiğiniz kitapçıdan, kitabını kendi başına seçmesine izin verin.
- Düzen alışkanlığı kazandırmak için "Oyuncakların dağılmış, istersen birlikte toplayalım" diyerek onu özendirin. Ardından başarısını takdir edin.
- Çocuğa uyulması gereken kuralları öğretirken; "yapma" diyerek men etme yerine, istenmeyen davranışı unutturabilecek, onun yerine geçebilecek farklı bir etkinlik veya nesne bulun. Çocuğu ilgilenebileceği nesnelere yönelterek istenmeyen davranıştan vazgeçirmek mümkün olur. Bunun için; su, kum oyunu, düğme diktirmek, plastik çivi çaktırmak, makasla resim kestirmek gibi faaliyetler, enerjinin yapıcı ve yararlı hale dönüşümünü sağlar.

? 3 YAŞINDAKİ ÇOCUK NELER YAPABİLİR?

Bu yaşın sona ermesiyle birlikte, çocuğunuz aşağıdakileri yapabilecek durumda olmalıdır:

- 4 resmi ismiyle tanır.
- Ellerini yıkar ve kurular.
- Bir arkadaşını ismiyle tanır.
- Topu eliyle omzunun üstünden atar.
- Yarım yarım konuşur ve konuşması anlaşılır.
- 2-3 cümleyle karşılıklı konuşmayı sürdürür.
- Edat kullanmaya başlar.

Not: Çocuğunuz gelişimin kilometre taşları sayılan bu dönüm noktalarından bir ya da daha fazlasına ulaşmamışsa, çocuk doktorunuza danışmalısınız. Gecikme nadiren bir probleme işaret edebilirse de, birçok durumda çocuğunuz için bu normal olabilir. Genellikle erken doğmuş bebekler, dönüm noktalarına, yaşıtlarından daha geç ulaşırlar. Bu yeterlilikleri çoğunlukla, beklenen yaşlarında (normal doğum gerçekleşseydi, olmaları gereken yaşta) veya daha sonra elde ederler.

Bu yaşın sona ermesiyle birlikte, çocuğunuz büyük olasılıkla aşağıdakileri yapabilecektir:

- 2 sıfat kullanır.
- T-shirt giyer.
- Uzun mesafe atlar.

Bu yaşın sona ermesiyle birlikte, çocuğunuz aşağıdakileri belki yapabilecek durumda olabilir:

- Tek ayak üzerinde 2 saniye kalabilir.
- 2 eşyayı kullanılışına göre betimler.

Bu yaşın sona ermesiyle birlikte, çocuğunuz hatta aşağıdakileri bile yapabilecektir:

- Bir daireyi kopya eder.
- Yardımsız giyinebilir.
- 4 rengi tanır.

PELICAN

4 Yaş

4 YAŞ ÇOCUĞUNUN GELİŞİM ÖZELLİKLERİ:

4 yaş çocuğu isteklerinin anında yerine getirilmemesini anlayışla karşılamayı öğrenmeye başlar. O artık kendi dışındaki dünyanın kuralları olduğunu ve başkalarının hak ve istekleri olduğunu görür ve **BEKLEMEYİ** öğrenir. **Buradaki temel ilke, çocuğun isteklerinin bazılarına ergeç kavuşacağına inanmasıdır.**

Bu dönemde çocuk kendisiyle oynayacak bir ya da iki arkadaşını seçmeye başlar. Önceleri seçtiği oyun arkadaşları her iki cinsten olabilir. Ancak okula girmeye hazırlandığı sırada çocuk, oyun arkadaşlarını kendi cinsinden seçmeye özen gösterir. Çünkü sosyal baskı nedeniyle kendi cinsine uygun oyunlar oynamayı öğrenmelidir.

4 yaş çocuğu değişken bir görünüm sergiler. Genellikle yarım bırakılan bir şeye karşı duyarsızdır. Sorgu çağı 4 yaşında en yüksek düzeye ulaşır.

4 yaş çocuğu hareketlidir. O enerjik olan tırmanma, sıçrama, atlama, hızla bisiklet pedallama ve takla atma gibi tüm bedensel etkinlikleri sever. Artık koşma, ani durma ve tekrar koşmayla ani dönüşleri büyük başarıyla becerir. Parmak uçlarında oldukça dengelidir. Merdivenleri tek başına yardımsız ve ayak değiştirerek tırmanır. Eğer yardım edilirse uzun bir merdivenden ayak değiştirerek inebilir.

4 - 5 yaş arası çocuğa, ayaklarını bitiştirerek zıplama, bir ayağından ötekine sıçrayarak geçme, ip atlama, duruş değiştir-

me (ayakta durma, oturma, çömelme vb), düz yürüme, içi suyla dolu olan bir kabı taşıma ve top atıp tutma öğretilebilir. Ayrıca, öğretilirse bu yaşta basit müzik aletlerini çalmayı da başarabilir.

BEDEN DURUŞU VE MOTOR BECERİLERİ:

- Ayak değiştirerek, kendi başına merdivenlerden yukarı çıkar ve aşağı iner (ya da koşarak inip çıkar). *(Resim 111)*
- Motor becerileri epeyce gelişmiştir, beden hareketlerini istediği gibi, ustalıkla yönlendirebilir; keskin, ani dönüşleri gerçekleştirir; itip çekerek koşabilir.
- Merdivenlere ve ağaçlara tırmanır. *(Resim 112)*
- Parmak ucunda durabilir, yürüyebilir ve koşabilir. *(Resim 113)*
- Üç tekerlekli bisiklete binmede ustalaşmıştır; U dönüşlerini kolaylıkla gerçekleştirir.
- Tek ayağının üstünde 3-5 saniye durabilir ve daha sık kullandığı ayağının üzerinde zıplayabilir. *(Resim 114)*
- Dizlerini kırmadan öne eğilerek, yerdeki nesneleri dizip düzenler ve eline alabilir.
- Topa sopayla vurma da dahil, topu atma, yakalama, zıplatma, tekmeyle vurma gibi becerileri içeren top oyunlarında giderek ustalaşmaktadır.

İnce Motor Becerileri Nelerdir?

- Her iki göz ayrı ayrı örtülüp görüş bir süre için tek gözle sağlandığında, iğne, iplik, kırıntı gibi çok küçük nesneleri eline alır ve yerine koyar.
- Yetişkin iğneye iplik geçirirse, o da küçük tahta boncukları ipliğe dizip kolye yapabilir.

111. Merdivenleri yetişkin gibi çıkıp iner.

112. Ağaçlara tırmanır.

113. Parmak ucunda durur ve koşar.

114. Tek ayağıyla sıçrar.

115. Örneğe bakarak birkaç köprü yapabilir.

116. Kendisine gösterildikten sonra, tahta küplerle 3 basamaklı merdiven yapar.

117. Çapraz şekillerin ve çemberlerin örneğine bakıp aynısını çizer.

- İstenildiğinde veya kendiliğinden, 10 ya da daha fazla küple kule oluşturabilir, örneğe bakarak 3 tahta küple birkaç köprü yapabilir. *(Resim 115)*
- Kendisine gösterildikten sonra, 6 küpü üst üste koyarak 3 basamaklı merdiven yapabilir. *(Resim 116)*
- Yetişkini taklit ederek elini – hem sağ hem sol – tümüyle açar ve başparmağını her bir parmağının ucuna değdirir.
- Kalemi yetişkin gibi tutar ve başarıyla kullanır.
- Örneğe bakarak çapraz işareti (ayrıca V H T O) çizebilir.
- Adam resmi olarak, baş ve bacakları çizer; bazen buna gövde, kol ve parmakları da ekler.
- İstenildiğinde ya da kendiliğinden, tanınabilir biçimde evler çizer. Resimlerini yapmadan önce, ne çizeceğini isimlendirmeye başlamıştır.
- Dört temel rengi uygun biçimde eşleştirir ve isimlerini söyleyebilir.

GRAFİK FAALİYETİN GELİŞİMİ:

4 yaş çocukları kollar ile bacakları temsil eden uzantıları kafaya ekleyerek çöp adamlar çizerler. Cyril Burt'e göre, 4 yaş çocuğu için insan figürü en sevilen konudur. Baş yerine bir yuvarlak, gözler için noktalar, bacaklar için de iki düz çizgi çizilir. Daha seyrek olarak, gövde için ikinci bir yuvarlağın eklendiği ve daha da seyrek olarak kollar yerine de iki çizgi çekildiği gözlemlenebilir.

4 Yaş Çocuğu Ne Duyar ve Ne Söyler?

- Yakın geçmişteki olayları, deneyimleri, olup bitenler arasında ilişki kurarak anlatır.
- Adını, soyadını, ev adresini ve çoğunlukla yaşını söyleyebilir.

118. Kitaplara bakmaktan ve öykü dinlemekten çok hoşlanır.

- 20'ye kadar ya da daha fazla, ezbere sayar; nesneleri, ismini söylediği nesneye dokunup nesne-sözcük arasında (bire bir) eşleştirme yaparak, dört ya da beşe kadar sayabilir.
- Şakalardan, fıkralardan zevk alır, uygunsuz sözlerden, ifadelerden ve argodan hoşlanır.

SOSYAL BECERİLERİ VE OYUN:

- Yemek yerken, kaşığı, çatalı ustalıkla kullanır.
- Ellerini yıkar ve kurular. Dişlerini fırçalar.
- Giysilerini çıkarabilir ve giyebilir; arka düğmelerin iliklenmesinde, ayakkabı veya giysi bağlarında yardıma gereksinim duyar. *(Resim 120)*
- Genelde, çok daha bağımsız ve oldukça inatçıdır; kendi isteğiyle hareket eder.

- İsteklerine karşı gelindiğinde, yetişkinlerle uygunsuzca, az çok kaba bir üslupla konuşabilir ve oyun arkadaşlarıyla kavga edebilir.
- Konuşmaları ve etkinliklerinde mizah anlayışını sergiler.
- Dramatik oyunu ve çeşitli giysiler giyip kılıktan kılığa girmeyi çok sever; sıklıkla bu oyunları oynamayı seçer.
- Yer oyunları epeyce karmaşıklaşmıştır, ama yerde oynama alışkanlıkları daha az derli-toplu, biraz daha dağınıktır.
- Evin dışında, eline geçirebildiği, işe yarar her türlü malzemeyle bir şeyler üretmeye, oluşturmaya çalışarak yaratıcılığını sergiler.
- Yetişkinlerle ilişkisinde olduğu gibi, kimi işbirliği içinde olduğu, kimi çatıştığı başka çocukların arkadaşlığına

119. Ellerini başarılı bir şekilde yıkar ve kurular.

120. Giysilerini kendi başına giyip çıkarabilir.

121. Oyun sırasında sıra beklemenin gereğini anlar.

gereksinim duyar; ama yumrukları yerine sözlerini kullanarak tartışmanın gereğini anlar.

- Paylaşma ve oyun sırasında sıra bekleme anlayışı geliştirmiştir. *(Resim 121)*
- Küçük kardeşlerine ilgi gösterir, sevgiyle yaklaşır; sıkıntı içindeki oyun arkadaşlarının duygularını anlamaya, paylaşmaya çabalar.
- Geçmiş, şimdiki zaman ve geleceğe ilişkin yeterli bir değerlendirme yapabilir.

DİL GELİŞİMİ:

Konuşması dilbilgisi kurallarına uyar ve tümüyle anlaşılabilir. 4 yaşında çocuk, hemen hemen bir yetişkin gibi konuşur. Konuşması, daha az sayıda çocuksu nitelikte sesli ifade kalıpları içerir.

Hiç durmaksızın "Neden?, "Ne zaman?" "Nasıl" ve "Niçin" sorularıyla sözcüklerin anlamlarını ısrarla sorar. Anne-baba çocuğun sorularını hassasiyetle ele alarak yanıtlamalıdır.

Uzun öyküleri dinler ve gerçekte var olanla düş ürününü zaman zaman karıştırarak anlatır.

Bildiği birkaç çocuk şiirini ezbere okuyabilir ya da çocuk şarkılarını doğru olarak söyleyebilir.

BİLİŞSEL GELİŞİM:

(Bkz. s. 221, 5 Yaş Çocuğunun Bilişsel Gelişimi)

ÇOCUĞA NASIL YARDIMCI OLUNABİLİR?

- Çocukla konuşurken tam ve düzgün cümleler kurmaya özen gösterin. Nesneler üzerine konuşurken "bu", "o" yerine, nesnenin ismini söyleyin. Örneğin "onu ver" yerine "kalemi ver" gibi.
- Çocuğunuzun sorgu çağını yaşadığının bilincinde olarak tüm sorularını "sabırla" yanıtlayın. Bu amaçla pazar günü çocuğunuzla balık tutarken, sonbaharda kuru yapraklar üzerinde yürürken hep konuşun ve bıkmadan sorularını yanıtlayın. O, dış dünyayı sizin aracılığınızla öğrenecektir. Bütün bunları yapmak için çocuğa "zenginleştirilmiş yakın çevre" ortamı sunun. Bu da evde oturup birlikte televizyon seyretmekle değil, birlikte yürüyüş, tiyatro, sinema, müze, konser, maç gibi farklı türdeki ortak etkinliklerle mümkün olur.
- Bütün bunları yapılması gereken bir görev gibi değil, "keyif aldığınız ortak bir etkinlik" şeklinde gerçekleştirin. Öyle ki aldığınız keyfi ve yaşadığınız mutluluğu çocuğunuz beden dilinizden de anlayabilsin.

ÇOCUK OKULÖNCESİ EĞİTİM KURUMUNA NEDEN GİTMELİDİR?

Daha önce de belirtildiği gibi, gelişim yıllarında sağlıklı bir anne-çocuk ilişkisinde çocuk zamanla, annesini ona doyum veren, bakan ve onu koruyan bir birey olarak görür. İhtiyaçları karşılanan bebek anneye **GÜVENMEYİ** öğrenir. Güven duygusunun yapı taşları da böylelikle atılmış olur. Eğer anne çocuğa karşı tutarlı, kararlı ve olumlu ise, çocukta, doyum bulacağına dair bir **TEMEL GÜVEN DUYGUSU** oluşmaya başlar.

Gelişim yılları boyunca anne ve babası tarafından bir birey olarak kabul edildiğini, dinlendiğini, sevildiğini, görüşlerine saygı duyulduğunu gören çocukta kendine saygı, özgüven gelişir. Özgüven, "bireyin kendisini yetenekli, önemli, başarılı ve değerli" biri olarak algılama derecesi olarak tanımlanabilir.

Okulöncesi eğitiminin amaçlarından biri de, çocuğun anaokulunda kendi kişiliğine karşı olumlu bir tutum geliştirmesidir. Çocuğun okulöncesi eğitimi sırasında yaşantıları mutlu ve anlamlı olursa, ilkokula kendine yönelik olumlu duygularla başlaması ve başarı olasılığı artacaktır. 3 yaşında başlayan okul öncesi eğitim, çocuğa kendini **TANIMAYI**, yeteneklerinden haberdar olmayı ve ona akranlarından farklı olan özelliklerini öğretir.

Froebel'in deyişiyle "anaokulunun amacı, öğrenmeye ilgi uyandırmak"tır. Anaokulu, çocuğa bilgi aktarmaktan çok, çocuğun içinde varolan yeteneklerin serpilip gelişmesine yardımcı olur. Burada okuma yazma öğretilmez, ancak okuma yazma olgunluğu kazandırılır.

Anaokulunda renk, sayı ve kavramlar çocuğun düşüncesine uygun bir biçimde somuta indirgenerek verilir. Parmak boya ve resim faaliyeti, su oyunu, kum oyunu, ritmik jimnastik, bloklarla oynama önde gelen oyun dizileri arasında sayılabilir. Çocukların en hoşlandıkları dramatik oyun köşeleri, doktorculuk, bebekçilik, bakkalcılık köşeleridir. Çocuk en iyi ve örgütlü oyun ortamını anaokulunda bulur.

Anaokulunun temel öğretim programı içinde; insan ve hayvanları tanıtma, ülkemizi ve dünya ülkelerini tanıtma, önemli olay ve günlerle, trafik ve görgü kurallarını öğretme sayılabilir. Bu amaçla yaratıcılığı destekleyici bir eğitim ortamı; çocuğun doğal merakını geliştirecek, hayvan yetiştirme, bitki yetiştirme gibi araştırma ve inceleme yapmaya yöneltici köşelere de sahip olmalıdır. Hayal gücünü destekleyici kitaplar, resimler, filmler, sesli ve görüntülü malzemeler de eğitimciye destek sağlayacaktır.

Anaokulu aynı zamanda kuralları en etkili bir biçimde öğretebilen bir kurumdur. Çocuk, yaşıtlarıyla ilişkiye girerek birlikte yaşamayı, yemek yemeyi, uyumayı ve oynamayı öğrenir. Böylece başkalarının özgürlüğünden haberdar olur, "ben" ve "başkası" kavramlarının bilincine vararak yardımlaşma ve işbirliği duygusunu geliştirir. Anaokulu çocuğu, kendi hakkını korurken, paylaşmayı ve başkalarının özgürlüğünü zedelememeyi de öğrenir.

Bedensel, sosyal, zihinsel, duygusal gelişimlerini sağlamada, okulöncesi eğitim kurumlarının önemli katkısı, özellikle çocuk, ilköğretime başladığı zaman kendisini göstermektedir.

Araştırmalar, okulöncesi eğitim kurumlarında eğitim gören çocukların bu eğitimi görmeyenlere kıyasla ilkokulda daha uyumlu ve girişken, sosyal etkinliklerde daha başarılı olduklarını ortaya koymaktadır.

Piaget'ye göre çocuğun öğrenmesinde; otonomi (kendi kendini yönetme) çok önemli bir faktördür. Çocuk sorusunun yanıtını öğretmenden almak yerine kendi başına bulup keşfettiği takdirde öğrenme etkili olmaktadır. Bu konuda **Piaget** şöyle demektedir:

Etkin bir okul ancak, öğrencilerin, gerektiği için değil, kendileri istediği için çaba göstermelerini ve başkaları tarafından hazırlanan bilgiyi kabul etmek yerine, kendi akıllarını kullanarak özgün çalışmalar yapmalarını sağlayabilirse, zekâ yasalarının tümüne saygı göstermiş olur.

Etkin öğrenme çocukların seyredip dinlemekle yetinmeyip, bu sürece etkin olarak katıldığı anlamına gelir. Etkin öğrenme doğrudan deneyimler, etkin araştırma olanakları sunar.

Böyle bir öğrenme ortamında çocuk, "Ne yapacağına karar verir", "Çocuğun çeşitli biçimlerde kullanabileceği bol miktarda malzeme vardır", "O, bu malzemeyi özgürce kullanabilir", "Yapmakta olduğu faaliyeti anlatır", "Yetişkinler ve akranlar çocuğun problem çözme ve yaratıcılık çabalarını görüp teşvik ederler".

Çocuk merkezli sınıf ortamlarında çocuk, faaliyet alanı olarak kitaplık köşesini, fen köşesini, dramatik veya inşa oyunu köşesini, yazma ya da dinleme köşesini, sanat köşesini, su veya kum havuzunu seçebilir.

Böylelikle çocuk;

1) Kendi zaman ve enerjisini gerektiği gibi kullanarak, neyi nasıl yapacağına ilişkin tercihler yapma ve karar alma fırsatı bulur.

2) Kendi seçtikleri amaçları ve görevleri özgün bir biçimde ve sorumlulukla tanımlama ve yeteneklerini geliştirme fırsatı bulur.

3) Arkadaş ve yetişkinlerle grup planlaması yapmak ve ortak çaba gösterme konusunda fırsat bulur.

4) Düşüncelerini dile getirebilme ve başkalarına iletebilme şansını elde eder.

İşte bu nedenlerden dolayı okulöncesi dönemi çocuğu, annenin çalışıp çalışmadığına bakılmaksızın anaokuluna gitmelidir. Ancak anne-baba anaokulunun seçimine özen göstermeli, *bakım* yerine *eğitimi* temel ilke alan kurum seçilmelidir. Kurum seçiminde fiziki koşullar kadar, izlenen eğitim programı, öğretmen niteliği ve eğitsel araç gereçle, oyun malzemeleri dikkate alınmalıdır.

Anaokuluna Gitmek İstemeyen Çocuğa Nasıl Yardımcı Olunabilir?

Anaokuluna gitmek istemeyen çocuk genellikle "kuralsız" ve "özgür" ortamda, dilediği gibi yaşamını sürdürmeyi yeğleyen çocuktur. Çocuk merkezli ev ortamında ilkeler ortaya kesin hatlarıyla konmadığı zaman kurumdaki "öğle uykusu" ve "yemek" çocuk için göze batan, rahatsız edici unsurlar olmaya başlar. Çoğunlukla koruyucu ve aşırı hoşgörülü (gevşek) aile ortamlarından gelen çocuğun okul çevresinde kaygısı artar. O, evdeki kuralsız dünyasında büyükannesine her şeyi yaptırabilmektedir. Düzenini de bozmak istememektedir.

Çocuğun anaokulunu reddetmesi halinde, anne-baba, büyükanne veya büyükbabadan herhangi birinin çocuktan yana tutumu ona güç verir ve tepkisi büyür. Oysa çocuğun katıldığı ilk sosyal kuruma uyumu önemlidir. Okula gidişinin tüm aile üyelerince desteklenmesi beklenir. Burada önemli ölçütlerden birincisi, çocuğun kurumda anne-babanın yanında arkadaşlarıyla oynayabilmesi; ikincisi ise anne-baba kurumdan ayrıldığında ağlamayı kesip oyun faaliyetine girebilmesidir. Bunların gerçekleşmesi halinde çocuk kuruma uyum konusunda zorlanmalıdır.

Bu amaçla; ailenin tüm bireyleri çocuğun kuruma gitmesi konusunda görüş birliği içinde olmalıdır. Çocuk servise ya da anaokuluna, "bağımlı olmadığı" ebeveyni tarafından götürülmeli, okula gitme konusunda hiçbir şekilde ödün verilmemelidir. Uyum konusunda zorlanan çocuk için çeşitli yöntemler uygulanabilir; örneğin ebeveyn, çocuktan kademeli uzaklaşma yolunu seçebilir. Birinci gün salonda, ikinci gün bahçede kalan anne, üçüncü gün öğle yemeğine uğramakla yetinebilir. Ancak ebeveynin kurumdan ayrılmasından sonra ağlamanın gün boyu devamı ve çocuğun fizyolojik zarar görmesi, kilo kaybı halinde bir uzman çocuk psikoloğuna başvurulmalıdır.

5 Yaş

5 YAŞ ÇOCUĞUNUN GELİŞİM ÖZELLİKLERİ:

İlk çocukluk evresinin düğüm noktasını, aile ve çocuk için "altın yaş" olarak nitelendiren 5 yaş oluşturur. Daha bilgili ve olgun bir birey görünümünde olan 5 yaş çocuğu, çevresine karşı dostça bir yaklaşım içindedir. En belirgin özellikleri arasında, **yeterli** ve **dengeli** oluşu gelmektedir. 5 yaşındaki çocuk, yeteneklerinden en iyi biçimde yararlanmak ister; hak ettiği sorumluluk ve ödüllere biraz olsun sahip olmaktan hoşlanır. 5 yaş çocuğu, yaşadığı kültür çevresine uyum göstermeyi, başarılı bir kontrolle gerçekleştiren çocuktur.

Kısaca, bu üstün özellikleriyle 5 yaş çocuğu, yüksek derecede toplumsallaşmış bir birey görünümündedir.

4 yaş çocuğu, yarım bırakılan bir şeye karşı duyarsızken 5 yaş çocuğu başladığını bitirmeyi sever. O, artık daha çabuk karar verir. Kas hâkimiyeti gelişmiştir, düzenli cümleleriyle insanlarla olan kişisel ve sosyal ilişkileri artmıştır. Bunun yanı sıra kendine ilişkin düşünceleriyle ailesine, okula ve topluma uyumu belirgin bir biçimde artmıştır. Ne kendisi, ne de çevresiyle çelişki halindedir. Kritik durumlarda soğukkanlı olmayı başarır. Güven duygusu ve soğukkanlılık 5 yaş çocuğunun övülecek yapısını açıklar. Dikkatlidir. Kendi kendini eleştirir. Fakat kendine güveni de vardır. Söylenenlere inanır ve uyar, belleği güçlüdür. Kısaca 5 yaşındaki çocukta, motor dengenin, düşüncenin bireysel-toplumsal ilişkilerin, benlik kavramının; evde, okulda ve toplum içinde uyumun daha belirli olduğu görülür.

BEDEN DURUŞU VE MOTOR BECERİLERİ:

- İnce bir çizgi üstünde kolaylıkla yürüyebilir. *(Resim 122)*
- Oldukça çevik bir biçimde parmak uçlarında koşabilir.
- Tırmanma, kaydıraktan kayma, sallanma, kazma ve daha pek çok hareket becerisinde etkinleşmiş, ustalaşmıştır.
- Ayak değiştirerek sıçrayabilir.
- Hareketlerini müziğin ritmine uydurur.
- Hem sağ hem sol ayağının üstünde 8-10 saniye durabilir; ayrıca, kollarını kavuşturup daha sık kullandığı ayağının üzerinde çoğunlukla durabilir. *(Resim 123)*
- Tek ayağıyla – hem sağ hem sol ayak – 2-3 m öteye sıçrayabilir.
- Her iki eliyle de sımsıkı tutar; kavrayışı epeyce güçlüdür.
- Dizlerini bükmeden öne eğilip parmak uçlarına dokunabilir.

122. İnce bir çizgi üstünde yürür.

123. Kollarını kavuşturmuş olarak tek ayağının üzerinde durabilir.

124. Örneğe bakarak küplerle 3 veya 4 basamaklı merdiven oluşturabilir.

125. Örneğine bakıp kare ve çapraz şekillerinin aynısını çizer.

- Kabul edilmiş kurallarca, uygun bir konuma yerleştirilmeyi, örneğin oyunda üstlenilen görev, rol; veya puanlamayı gerektiren oyunlar da dahil, her çeşit top oyununu başarıyla oynayabilir.

İnce Motor Becerileri Nelerdir?

- Her iki göz ayrı ayrı örtüldüğünde, tek gözle çok küçük nesneleri eline alabilir ve yeniden yerine koyabilir.
- Örneğe bakarak 6 küple 3 basamaklı merdiven (bazen 10 küple 4 basamaklı merdiven) yapabilir. *(Resim 124)*
- Büyük gözlü iğnelere ipliği kendi başına geçirir ve gerçek anlamda – yalandan yaparak değil – dikiş diker (birkaç ilmik).
- Yazıp çizerken, resim yaparken, kalemleri ve boya fırçalarını ustaca kullanır.

GRAFİK FAALİYETİN GELİŞİMİ:

5-6 yaşlarında çocuk kendi duygu ve düşüncelerini ortaya koyacak girişimlerde bulunur. En sevdiği konu, insan figürüdür.

5 yaş çocuklarının çoğunluğu bir kafa ve bir gövde çizerler. Kafada gözler, bir burun ve bir ağız olur, kollar ve bacaklar ise artık gövdeden çıkar. Yani başı, gövdesi, bacakları, kolları ve bütün yüz özellikleriyle tanınabilir bir adam resmi çizer. **Burt**'e göre bu yaşta insan figürü oldukça doğru olarak çizilir, ancak bu, taslak biçiminde simgesel bir şemadır. Genellikle yüzler önden görünümleriyle çizilirler, ifadesizdirler.

5 yaşındaki çocukların çoğunluğu amaçlı resim yaparlar. Bu çocuklar neyin resmini yapmak istediklerini önceden bilirler. Yaptığı şeyin içeriği mantıklıdır. Kendi kendini eleştirir. "Bir at resmi çizmek istiyorum, ama bilmiyorum," diyebilir.

- Örneğine bakarak kare ve 5.5 yaşına geldiğinde üçgen çizer (ayrıca V T H O L A C U Y harflerini de aynı şekilde çizebilir). *(Resim 125)*
- Birkaç harfi kendiliğinden yazabilir.
- Ev resmine kapıyı, pencereleri, çatı ve bacayı da ekler.
- Kendiliğinden çeşit çeşit ayrıntılarla dolu pek çok resim yapar. Çoğunlukla çevrenin arka planını fonda belirtir. Resimleri yapmadan önce isimlendirir, açıklamalar getirir.
- Resimleri, şeklin dışına taşırmadan dikkatle ve ustalıkla boyar. Dört ana rengin veya daha çoğunun isimlerini söyleyebilir. (Ayrıntılı bilgi için bkz. Haluk Yavuzer, **Resimleriyle Çocuk.**)

5 Yaşındaki Çocuk Ne Duyar ve Ne Söyler?

- Konuşması oldukça akıcıdır. Dilbilgisi kurallarına uyan ifadeler içerir. "r" sesi dışında, sesli açıdan da çoğunlukla uygun özellikler taşır.

- Ezbere şiir okumaktan ya da çocuk şarkıları, çeşit çeşit tekerlemeler söylemekten çok hoşlanır.
- Kendisine öykü okunmasına veya anlatılmasına bayılır ve sonradan kendi başına ya da arkadaşlarıyla birlikte öyküyü tüm ayrıntılarıyla oyununda canlandırır.
- İsmini, soy ismini, yaşını, ev adresini ve genellikle doğum gününü bilir ve söyler.
- Somut isimleri, nesneyi kullanarak tanımlar.
- Hiç durmadan soyut sözcüklerin anlamlarını sorar ve bu sözcükleri yerli yersiz kullanır.
- Şaka-fıkra, bilmece ve tekerleme gibi söz oyunlarından zevk alır.

SOSYAL BECERİLERİ VE OYUN:

- Bıçak ve çatal kullanmada ustalaşmıştır.
- Ellerini, yüzünü yıkayıp kurulayabilir; ama bedeninin diğer bölümlerini yıkarken yardım edilmesi veya gözetim altında tutulması gerekir.
- Genelde, daha aklı başında ve bağımsızdır; daha kontrollü ve duyarlı bir yaklaşım içindedir.
- Kendi başına giyinip soyunabilir.
- Düzenli ve temiz olması gerektiğini kavrayabilir; yine de sürekli olarak anımsatılmalıdır.
- Kendi başına ya da arkadaşlarıyla birlikte oynadığı evcilik oyunları ve dramatik oyunlar, her gün biraz daha geliştirilir. Grup oyunlarını tercih eder. 2-3 arkadaşıyla birlikte oynar. Küçükleri korur. Ev dışında daha mutlu olur. *(Resim 126)*
- Yer oyunları epeyce karmaşıklaşmıştır.
- Ev içinde ve ev dışında, her türlü oyun malzemesiyle sürekli bir şeyler tasarlayıp oluşturarak tüm yaratıcılığını sergiler.

126. Arkadaş grubuyla birlikte, özenilerek kurulmuş, yaratıcılıkla bezenmiş dramatik oyunlar oynar.

127. Küçük kardeşlerine sevgiyle yaklaşır, yardımcı olur.

- Arkadaşlarını kendi seçer.
- Arkadaşlarıyla çoğunlukla işbirliği yapar; yetişkinler ve kendinden küçükler yerine yaşıtlarıyla birlikte olmaktan hoşlanır. Oyunda kurallara uyulması ve dürüst olunması gerektiğini anlar.
- Oldukça belirgin bir gülmece anlayışına sahiptir.
- Saat kavramı gelişmiştir; saatin günlük programla ilişkisini anlayabilir.
- Kendisinden daha küçük çocuklara ve hayvanlara (ev hayvanları) karşı sevecen ve koruyucu bir yaklaşım içindedir. *(Resim 127)*
- Sıkıntı içinde olan arkadaşlarının duygularını paylaşmaya, onları rahatlatmaya çalışır.

DİL GELİŞİMİ:

Sözcükler, **Vygotsky** için en güçlü sosyal araçlardır, çocuğun konuşması geliştikçe kendi eylemlerinin kontrolü ve planlaması da artar. Kendi eylemlerini düzenlemedeki sözcük gücü, başkalarını yönetmedeki gücünü de ortaya çıkarır.

5 yaşındaki çocuk hep konuşmak ister. Yetişkinler gibi uzun cümleler kurmaya çalışır. Bilgisini artırmak için sorular sorar. Örneğin, "Bu niçin böyledir", "şu nasıl kullanılır?" gibi. Sözlü olarak ayrıntılı bilgi verir. Dilbilgisi kurallarına uygun konuşur. Olayları ve masalları konuların sırasını bozmadan anlatır; her şeyin neden ve niçin'i ile ilgilenir. Söylemek istediğini dile getirmeden önce düşünür, sonra söyler.

BİLİŞSEL GELİŞİM:

2-7 yaşları arasındaki bu bilişsel gelişim evresinde çocukların büyük bir bölümü, ayrıntıları dikkate almadan genel olarak algılar ve ilişkisiz obje ve kavramları bütünleştirirler. Buna "bütünleştirme" (syncretism) denir. 5 yaş çocuğu her şey arasında her türlü ilişkiyi kurabilir. Yine bu dönemde çocuk, parçayla bütünü aynı zamanda düşünemez. Bu dönemde çocuklar hâlâ zihinsel kıyaslama yapamazlar. Zihinsel düzeyde temsil edebilme, kavram kullanabilme mümkün olmamakta, onun yerini ani algılamalar almaktadır. Bunun sonucu olarak çocukların yargıları zarar görmektedir.

Küplerle oynayan 5 yaşındaki çocuğa "ne kadar" diye sorulduğunda, sorumuzu anlamamasının nedeni "ne kadar" gibi bir sorunun yanıtını verebilecek işlemlerden yoksun olmasıdır. Çocuğa 5 küpümüz olduğu söylendiğinde ve nasıl sayılıp "beş" diyeceği öğretildiğinde bile, çocuk neden "beş" dediğini anlamayacaktır. Piaget'e göre çocuk, sadece sesler çıkararak basit bir süreç öğrenmiştir. Sayı ile ilgili bir kavram geliştirmemiştir. Bu tür sayı kavramına ancak işlemsel düşünceye geçtiğinde ulaşır. **O nedenle çocuk zihinsel olarak hazır olmadan bazı soruların yanıtları öğretilse ve açıklansa da bir şey öğrenemez.** Ne öğretildiğini anlamayan çocuk, kırıklığa uğrar ve engellenir. Durumu bu açıdan ele alan Piaget, dilin düşünce yapısını etkilemediğini ileri sürer. Zihinsel eylemler, işlemler ve düşünme süreçleri konuşma aracılığıyla değil, eylemden gelişir.

Okulöncesi çocuk eylemlerinde, düşüncelerinde, bakış açılarında benmerkezcidir. Toplumsal yönelim tam biçimini ancak 7-8 yaşlarında alır. İşlem öncesi çocuk, başkasının görüşüyle dünyanın ne olduğunu düşünemez. Başkasının bakış açısından yapılar oluşturamaz. Bu evrede çocuk kendini olayların merkezinde görür. Benmerkezlidir. Bu durum henüz çocukta mantığın gelişmediğini gösterir. O, her olayı kendi açısından görür. Henüz paylaşma duygusu gelişmemiştir. Bu nedenle çevredeki eşyayı gruplandıramaz. (Kendine ait olanlar-başkalarına ait olanlar gibi.)

Her şeyi kendine göre değerlendirdiği (egosantrizm) bu düşünce çağında çocuk bazı ve hepsi ayırımını yapamaz. Anne için bu "hanımdır" der. "Çocuğu olan hanımdır" diyemez.

Bu dönemde çocuk, nesnelerin görüntüsünün etkisi altındadır. Henüz "korunum" (değişmezlik) için gerekli zihinsel kavrama süreci işleminden yoksundur. Korunum ilkesini kazanmış bir birey, herhangi bir nesnenin şeklinin ya da değişik şekillerde yerleştirilmesinin etkisi altında kalmaksızın o nesnenin aynı kaldığını anlayabilir.

2-7 yaş arasında çocuk miktar, ağırlık ve sayı korunumunu anlayamaz. Örneğin eşitliği çocuğun gözü önünde kanıtlanan iki plastilinden birinin şekli değiştirildiğinde çocuk, miktarın ve ağırlığın da değiştiğini düşünür. Çünkü henüz sayının, ağırlığın, miktarın, biçim değişmelerine rağmen aynı kalacağını kavrayamaz.

Yine iki eşit büyüklükteki bardağa çocuğun gözü önünde su doldurulup, eşitlikleri gösterildikten sonra bardaklardan birinin içindeki su ince, uzun bir üçüncü bardağa boşaltılsa, çocuğa hangisinde daha çok su olduğu sorulduğu zaman, ince uzun bardağı gösterecektir.

2-7 yaş arasında çocuk, sınıflama ve gruplandırma yapamamaktadır. Yani bir çiçekler grubu olup, gülün bu grubun bir parçası olduğunu kavrayamaz.

ÇOCUĞA NASIL YARDIMCI OLUNABİLİR?

- Anne-baba çocuğun sorularına bıkmadan cevap verip, olayları sebep-sonuç ilişkisi içinde anlatırsa; hem çocuğun sözcük bilgisini artırmış ve merakını tatmin etmiş, hem de olayları birbirine bağlamasına yardım etmiş olur. Örneğin "Camdan dışarı sarkma" yerine "camdan dışarı sarkarsan düşebilirsin" şeklinde açıklayıcı bilgi verdiği takdirde çocuk için bu tatmin gerçekleşir.
- Ayrıca bu dönemde çocuğa ucu küt makas vererek dergilerden resim kesmesini istemek de göz-el koordinasyonu ve ince kas gelişimi açısından ve okula hazırlık için yararlıdır.

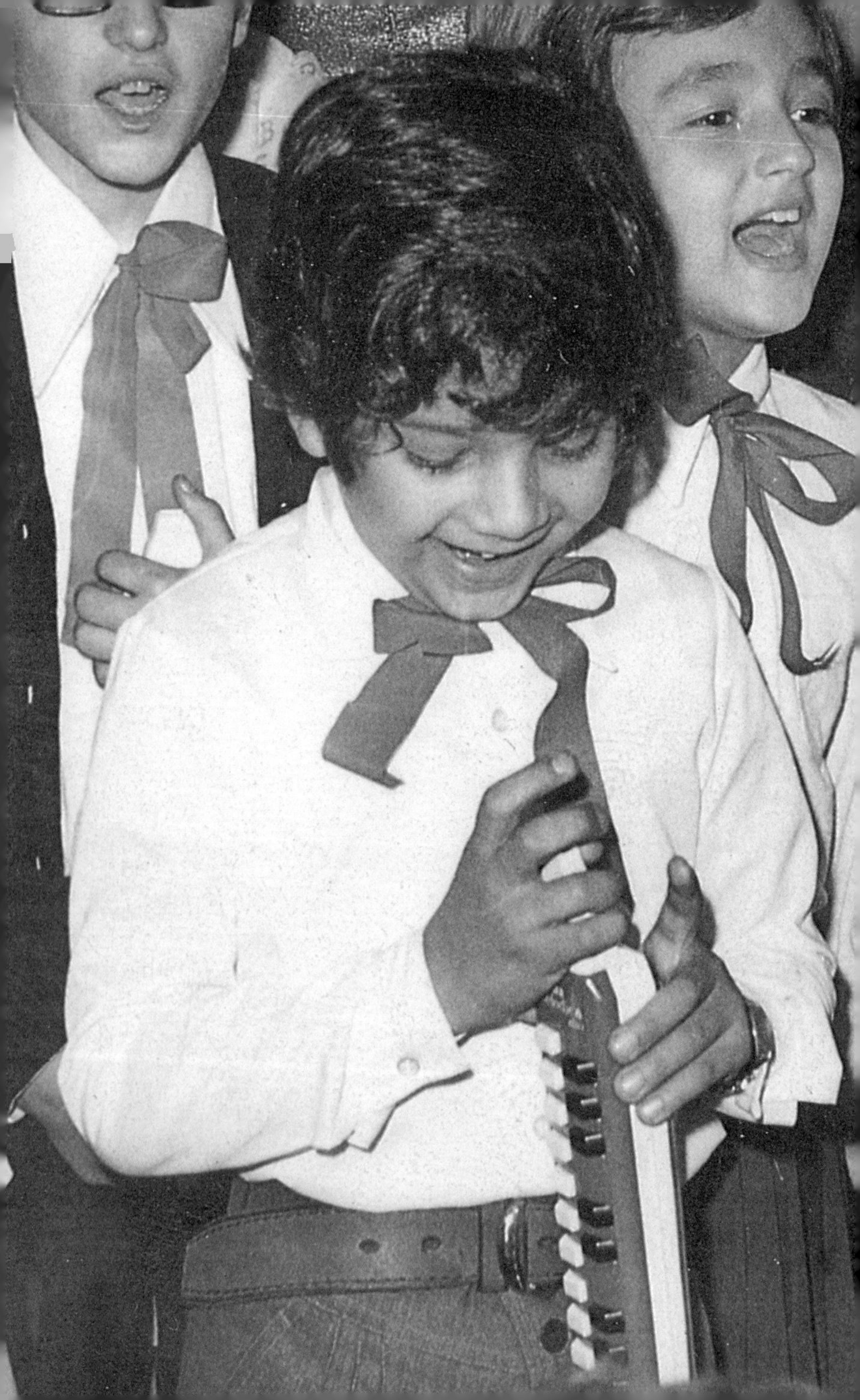

6 Yaş

6 YAŞ ÇOCUĞUNUN GELİŞİM ÖZELLİKLERİ:

6 yaşına rastlayan son çocukluk döneminin başlarında dengesiz ve olumsuz bir gelişim dikkatimizi çeker.

Son çocukluk döneminde çocuk; motor ve dil gelişimi açısından büyük aşamalar kaydetmiş ve dengenin gelişmesi sonucu hızlı yürüyebilen, futbol oynayabilen, ok atabilen, göz-el koordinasyonunun gelişmesi sonucu da iki elini bağımsız olarak kullanabilen bir birey haline gelmiştir.

6 yaş çocuğu değişmekte olan bir çocuktur. Anneler, çocuklarındaki bu ani değişiklikleri: "Bu çocuğa ne oldu, bilmiyorum, çok değişti" şeklindeki sözcükleriyle dile getirirler.

6 yaşında çocuk, tembel ve kararsız bir görünümdedir. Çocuk bir kez daha 2.5 yaşında yaşamış olduğu karar verme güçlüklerine uğrar, yine bir şeyin olumlu ve olumsuz iki yüzü arasında hızla gelip gider.

Bu dönemde çocuğun küçük kasları oldukça gelişmiş olduğundan, diğer yaşlara oranla el işlerinde daha becereklidir. Kesip yapıştırır, boya yapar, resim yapar, tüm araç ve gereçleri iyi kullanır. Erkek çocuklar topla, kızlar iple oynamayı sever.

Sözcük dağarcığı 6 yaşına kadar 10.000 sözcüğe kadar ulaşır. Bu ortalama olarak günde 5 yeni sözcük öğrenmeleri anlamını taşır.

Harfleri yazmaya çalışır, bazılarını ters yazar; bazı çocuklar ad ve soyadlarına ek olarak birkaç kelime daha yazabilirler.

Oyunlarda ve ilgi alanlarında kız ve erkek çocukları arasında, farklılık izlenir. Her ikisi de, sürekli, yeni şeyler denemek ister; yeni oyunlar bulur ve uygular; birçok hayali rollere girer. Grup oyunlarından çok hoşlanır. Bazı sorumluluklar yüklenir, söylenenleri dikkatle dinler, dikkat süresi uzar. Kendisiyle gerçek nitelikte eğitim uygulamaları yapılacak bir çağa gelmiştir.

GRAFİK FAALİYETİN GELİŞİMİ:

Çocuk 6 yaşına yaklaştıkça resimlerindeki oranlar daha gerçekçi olmaya başlar. Mekân içinde nesneleri yerleştirmesinde de bir ilerleme göze çarpar. Ayrıntılar çoğalır, sayfanın orasına burasına dağıttığı figür ya da ögeler bir merkez çevresinde toplanmaya başlar ya da yer çizgisi dediğimiz alttaki çizgi üzerine daha anlamlı biçimde dizilir.

Bu gelişim aşamasında, çocuk yeni kavramlar peşindedir; çizdiği, canlandırdığı simgeler de durmadan değişmektedir. Bugün çizdiği insan figürü ile ertesi gün çizeceği insan figürü birbirinden ayrıdır. Doğal olarak, bu yalnızca insan figürü için değil, aynı zamanda ev ve ağaç figürleri için de geçerlidir.

Çocuk, aynı anda görülmesi mümkün olmayan çeşitli manzaraları betimlemek için ilginç bir yöntem kullanır. Bir objenin içinde veya arkasında bulunan ve görünmemesi gereken şeyleri sanki görüyormuş gibi çizer. Bir evi önden çizerken aynı zamanda içine insanları da oturtur. Böylece evi saydamlaştırır.

Genelde çocuklar yaşça büyüdükçe çizimleri de giderek daha gerçekçi olmaya başlar. Bununla birlikte 5-7 yaş arasındaki çocukların yaptığı çizimlerde bazen çocuğun varolduğunu bildiği ama normal olarak göremediği ögeler hâlâ bulunabilir. Bunun sonucunda "saydam" ya da "röntgen" çizim denen şeffaf resim ortaya çıkar.

BİLİŞSEL GELİŞİM:

(Bkz. s. 221, 5 Yaş Çocuğunun Bilişsel Gelişimi)

OKUL VE OKULA BAŞLAMA:

Çocuğun okula başlamasıyla birlikte, okulöncesi dönemine oranla, daha çok sayıda arkadaşla ilişki kurduğu, bunun yanında aile ilişkilerinin zayıfladığı, bireysel oyunun yerini grup oyununun aldığı görülür. Başka bir deyişle, çocuğun okul çağıyla birlikte grup çağına girdiği ve sosyal bilincin arttığı dikkatimizi çeker.

Okul çağı aynı zamanda öğrencilerin gruplaşma çağıdır. Çocuğun akran ya da oyun gruplarından birine katılması, çocuk için bir gereksinim olduğu kadar, onun sosyalleşebilmesi için bir zorunluluktur da. Çocuk bu evrede sadece başkalarının fikir ve tutumlarının bilincine varmakla kalmaz, aynı zamanda onların dikkat ve onayını kazanmaya da özen gösterir.

Okula başlama yepyeni bir dünyanın başlangıcı olması nedeniyle, çocuklarda farklı birtakım tavırların oluşumuna neden olur. Bir bölümü özel bir ilgiye gereksinme duyarken, diğer bir bölümüyse aynı ilgiye gerek duymayabilir. Birlikte çalışmaktan ve birbirlerine yardım etmekten zevk alırlar. Çocuk, okula başladığında, sosyalleşmesi yolunda öğretmen ve ailesine oranla daha büyük bir ilgiyi arkadaş grubundan görür.

Meraklı, ilgili, çevresindeki nesneleri tanıyabilen, akıcı konuşabilen, renkleri, şekilleri tanıyan, kısa-uzun, büyük-küçük kavramlarını bilen bir çocuk, öğrenmeye hazır bir çocuk olarak okula başlayacaktır. Okula başlayan çocuğa, çabalarının saygıyla karşılandığı ana-baba tarafından hissettirilmeli ve bu çaba pekiştirilmeli, desteklenmelidir. Okula giden çocuk, öğrenme faaliyetinin ana-babası tarafından önemsendiğini ve değerlendirildiğini bilmelidir.

Okumayı öğrenmenin temelinde anne-babası tarafından "dinlenmiş olma" ve "anlaşılmış olma" yatar. Anne ve baba, çocuğa okulda nasıl daha iyi öğrenebileceğini ya da mutlu olabileceğini öğretmeden önce, çocuğu **OLDUĞU GİBİ, KENDİSİ OLARAK GÖRMEYİ ÖĞRENMELİDİR**. Buna bağlı olarak anne ve baba **çocuğu iyi tanıyarak BEKLENTİ DÜZEYİNİ GERÇEKÇİ KILABİLMELİDİR.**

Bunun yanı sıra çocuğun kendi kendine yetebilmesini sağlayacak deneyimlerin sunulması da çok önemlidir. Çocuk bu sayede kendine güven duymayı öğrenecektir. Okula başlayan çocuğuyla bir yıl boyunca her teneffüste oyun oynayan babanın, herkesin yürüdüğü yoldan değil de, duvar kenarlarından yürüyen bir çocuğunun olması tesadüf değildir. Bu vakada çocuk, davranışlarıyla güvensizliğini sergilemektedir.

Okula başlama, zihinsel, bedensel, duygusal ve sosyal açıdan bir "hazırlıklı oluşu" gerektirir. Artık 6 yaş çocuğu gerçek yaşama girmeye hazır gibidir. O, öğrenme alanında çalışmaya ve gerekli becerileri kazanmaya hazırdır.

Ayla Oktay "Okul Olgunluğu" isimli yapıtında; duygusal sorunların okumanın öğrenilmesindeki önemine değinen **Clay**'ın şu satırlarına yer verir:

> *"Her çocuk kendisinin önemli olduğunu, istenildiğini ve bir şeyler yapabileceğini hissetmelidir. Güven ve yeterlilik duyguları, başarıda önemli rol oynarlar. Okula kendileri hakkında olumlu duygularla başlayan çocuklar şanslıdırlar. Kabul edildiklerini bilirler, nasıl başarılı olacaklarını öğrenmişlerdir."*

Aynı çalışmada "okula hazırlık" **Thackray** tarafından şöyle tanımlanmaktadır:

> *"Her türlü öğrenme için hazırlık, çocuğun herhangi bir duygusal zorluğa uğramadan, kolayca ve yeterli bir şekilde öğrenebileceği bir dönemdir. Bu, o zamana kadar bazı bilgi ve becerilerin kazanılmasında güçlük çeken çocuğun bunu artık kolayca yapabilmesi demektir."*

Mücella Ormanlıoğlu-Uluğ'a göre; "okuma, bir görsel motor semboller serisini sözlü veya sözsüz olarak ses dizilerine çevirme sürecidir. Yazma ise, sözlü veya sözsüz konuşma seslerini, karşılıkları olan görsel motor sembollere çevirme sürecidir."

Okumayı öğrenme, yazma ve imla her şeyden önce duyular arası yolların iyi bir şekilde işleyişini gerektirir. Aynı zamanda motivasyonal olgunluk ve benlik kontrolü ile iyi kas kontrolünü de gerektirir. Çocuk okula başladığından itibaren kelime bilgisini artırma, görsel-işitsel alıştırma, ses-sembol algılaması gibi dil mekaniklerine önem verilmelidir. Öğretmenin ana amacı, çocuğu yeni, oldukça karışık bir beceriyi öğreneceğinin bilincine vardırmaktır.

Çocuklar okula başladıklarında alfabeyi öğrenirken, ebeveynin tutumları onları fazlasıyla etkiler. Ebeveynin bu konudaki desteği çocuğun başarısının artmasına yardımcı olabilir. Ebeveyn ve öğretmen işbirliğinde, öğretmen, özellikle çocuğun duyusal motor ve dil yeteneklerini geliştirmesinde, ebeveynden yardım istemelidir. Bazı çocuklar, çevrelerindeki kişilerin okuma faaliyetlerinden bazı şeyler kaparlar. Bu çocuklar okula gidince, daha önce aldıkları uyaranların etkisiyle çok kısa sürede okumayı öğrenirler. Öğretmenler, okumayı erken öğrenen çocukların çevresel uyaranların etkisiyle mi, yoksa duyular arası iletişimin iyi organizasyonu nedeni ile mi olduğunu anlamaya çalışmalıdır. Çünkü ikinci haldeki öğrenme ideal olanıdır. Kendiliğinden ve bağımsız olanıdır. Çocuk için iyi bir gelecek vaat eden bir öğrenme şeklidir.

Okumayı öğrenirken çocuğun yazıları parmaklarıyla izlemesi, dudağını hareket ettirmesi, yüksek sesle okuması, kelimeleri okumadan önce harf harf veya hece hece okuması gibi davranışlar elden geldiğince engellenmelidir. Çünkü bu tip davranışlar zamanla alışkanlık haline gelir ve çocuğun hızlı okumasını engeller.

Okumada en etkili olan faktör, görsel ve işitsel dil merkezleri arasındaki ilişkinin iyi bir şekilde gelişmesidir. Ancak, bu durumda, yazıya bütünüyle bakmak, izlemek, okumak ve anlamak mümkün olacaktır.

Bütün bunlar bize çocuğun sosyalleşme sürecinde ilk temel

toplumsal kurum olan okula uyumunda erken gelişim yıllarında edinmiş olduğu deneyimlerin önemini anlatmaktadır.

Bireye, iş ya da bilim dünyasında gerekli olan sayısal sembol ve kavramlarla değerleri kazandıran okul, sadece bilgi donanımını sağlamakla kalmaz, bireyin sosyalleşmesine de yardımcı olur. Ancak bu ortama çocuğun uyumu; başka bir deyişle, 40 dakika sınıfta oturup ders dinleyebilmesi, sınıf içi ve sınıf dışı etkinliklere katılabilmesi ve arkadaşlarıyla birlikte yaşayabilmesi, geçmiş yıllarda edinmiş olduğu alışkanlık ve deneyimlerle, destekleyici anne-baba yaklaşımıyla yakından ilişkilidir.

Yeterlik duygusu olan, yüksek benlik saygısına sahip bir çocuk, kendi kendine yetmeyi ilk 6 yılda öğrenmiş, yeterince sorumluluk üstlenmeyi ve kendi başına karar verebilmeyi yaşamışsa, okul ortamına kolaylıkla uyum sağlayacaktır. Çünkü okulun kurallarına uyabilecek, özgürlüğünün başladığı ve bittiği noktaları kolayca kestirebilecektir.

Sağlıklı etkileşim ortamından gelen bu çocuk okula başladığında; kendini tanıyan, kabul eden, seven, kendisiyle barışık, olumlu düşünen bir birey olarak başarılardan keyif alacak, her başarı ve ona bağlı olarak yakın çevresinden aldığı geribildirim onu yeni başarılara yöneltecektir.

Çocuk karşısında; kendini dinleyen ve anlayan, yarış yerine "**öğrenmeyi öğreten**", kapasitesi düzeyinde bilgilendiren, anlayışlı ve hoşgörülü bir öğretmen bulduğu takdirde bu başarısını akademik dünyasında olduğu kadar mesleki dünyasında da sürdürecektir.

OKULA BAŞLAYAN ÇOCUĞA NASIL YARDIMCI OLUNABİLİR?

Ülkemiz için okula başlama yaşı olan 72. ayda, okula başlayan çocuğa anne-baba, önce OKUL'a ve ÖĞRETMEN'e saygı duyarak, çocuğun öğrenme faaliyetini önemseyerek ve değer vererek katkıda bulunmalıdır. **Gazali** okula başlayan çocuğu olan anne babalara şu öneride bulunur: "Okuldan döndükten sonra, çocuğun güzelce oynamasına ve okul yorgunluğunu gidermesine izin verilmelidir. Çocuğun oyundan alıkonması ve devamlı öğretim yükü altında ezilmesi; onun kalbini öldürür, zekâsını köreltir ve hayatı başına zindan eder. Hatta onu, dersten başını kurtaracak çare aramaya yöneltir."

Anne-baba çocuğa öğrenmesi konusunda *baskı* yerine *destekle* yardımcı olmalıdır. Bu amaçla okula başlayan çocuğun hâlâ oyun çocuğu olduğu akıldan çıkartılmamalı OYUN'a ve ÇALIŞMA'ya ayrı zaman ayırarak "Programlı Yaşam"a çocuk özendirilmelidir. Okuldan yorgun gelen çocuk, ev içinde basket potasına sünger top atarak ya da bahçede oynayarak, dinlendikten en az 1 saat sonra tekrar derse oturabilir. "Çok çalışmak" yerine "verimli çalışmak" ilkesi temel alınmalı, bunun için zamanı iyi kullanması, çocuğa öğretilmelidir.

Anne, çalışma alışkanlığını kazanmakta olan çocukla aynı masayı paylaşmamalı, zaman zaman yanına gelerek ihtiyacı olduğu konularda sorularını cevaplamakla yetinmelidir.

Okuldan gelen çocuk "bugün derste başarılı mıydın?" sorusu yerine "günün nasıl geçti, hoşgeldin" cümlesiyle karşılanmalı, ilgi alanı akademik başarısı değil, çocuğun kendisi olmalıdır.

Anne-baba akşamları kitap okuyarak çocuğu okumaya

özendirmeli, hafta sonları açık alanlarda (koru, kır, deniz kıyısı) yürüyüş, balık tutma ya da sinema, tiyatro, maç gibi farklı etkinliklerle değerlendirilmelidir.

Çocuk, özgüvenini kazanması için ders dışında kendisini kanıtlayabileceği etkinliklere (bale, herhangi bir enstrüman çalma, yüzme, resim kursu vb.) yöneltilmeli, bu yöneltmede temel ölçü ilgi ve yetenekleri olmalıdır.

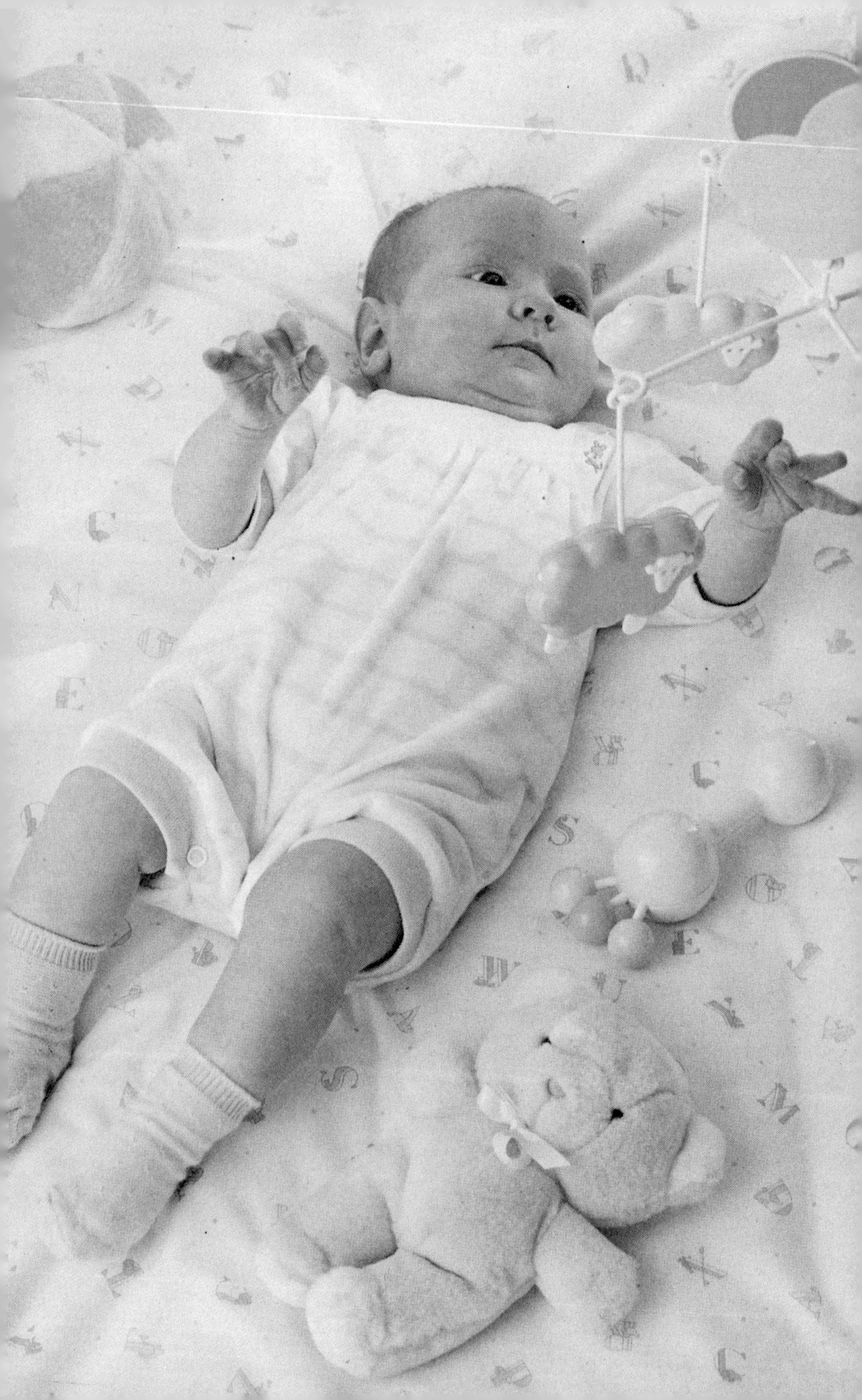

Çocuğun İlk 6 Yılında Önemli 20 Oyuncak

Oyun ve bunu destekleyen oyuncaklar, çocuğunuzun; düşünme ve keşfetmeyi öğrenmesi, fiziksel becerilerinin gelişmesi, güven kazanması, iletişimi ve sosyalleşmeye başlaması açısından son derece yararlıdır.

Gelişim basamakları boyunca çocuğun hareketlerine düzen getiren, zihinsel, bedensel ve psiko-sosyal gelişimlerine yardımcı olan, hayal gücünü ve yaratıcı yeteneklerini geliştiren tüm oyun malzemesi oyuncak olarak tanımlanabilir. Su, kil, kum gibi doğal oyun malzemesiyle, boş kibrit kutusu, makara gibi artık ürünler de oyuncak kapsamına girer.

Oyuncaklar, çocuğun doğal yeteneklerini kolaylaştıran, böylelikle de büyük bir eğitimsel işlevi yerine getiren oyun malzemeleridir. Çocukta seçme ve değerlendirme duygusunu da geliştiren oyuncaklar, bu işlevleri ile çocuğun kendi kendine karar verebilmesine ve belirli bir alanda beceri kazanmasına olanak hazırlarlar.

Eğitimsel değeri büyük olan oyun malzemelerinden biri "su"dur. Dokunma duyusunun gelişimini sağlayan önemli bir oyun aracı olan su, aynı zamanda çocuğa büyük bir haz verir. Deneyim ve keşif olanakları sağlayan su sayesinde utangaç çocuk uyarılır, saldırgan çocuk sakinleşir. Su, ayrıca çocuğun dikkatini bir konu üzerine uzun süre toplamasına da yardımcı olur.

Kum ve su 2 yaşından itibaren tüm yaşlar için temel oyun

malzemeleridir. Açık hava oyunlarının yanında, kum havuzu ya da su dolu bir leğende oyun oynamak olanağının çocuğa sağlanması, onun fiziksel olduğu kadar zihinsel gelişimine ve güven kazanmasına yardımcı olur.

Burada bahsedilen oyuncaklar, çocuğun doğumu ile 6 yaşı arasında; eğlence yaşatması yanında onun öğrenme potansiyelini geliştirmektedir. Bunlar beraberinde pek çok etkinliği getirmekte ve çocuğun temel becerilerinin gelişiminde etkili olmaktadır. Bu oyuncaklar, doğru şekilde kullanılıp, yeterli derecede verildiği takdirde, çocuğa uzun süreli, büyük bir tatmin sağlar.

Ancak, çocuk için seçilecek oyuncak, onun yaşına, beceri ve ilgilerine uygun olmalıdır. Oyuncağın yapısı dikkatle incelenmelidir. İyi bir oyuncak sağlam, dayanıklı, kullanışlı, bakımı kolay, boyası çabuk çıkmayan cinstendir. Keskin ve sivri köşeleri yoktur. Oysa bazı oyuncaklar kolaylıkla kırılabilecek yapıda ve hassastır. Bu tip oyuncaklar çocuk için tehlikeli olabilmektedir. Bazı oyuncaklar bir süre oynandıktan sonra terk edilebilir, ancak bir süre sonra yeniden dönülerek, aynı oyuncak farklı şekillerde kullanılabilir.

Çıngıraklar:

Çeşitli boyutlarda çıngırak bulunur: taşıması kolay olan, yeteri derecede gürültülü, hareketli bölümleri olan ve bebeğin dişlediğinde ya da ısırdığında rahat etmesine olanak tanıyacak türden bir çıngırak seçilmelidir. Bunlar ilk ses çıkaran oyuncaklardır. Bebeğin dikkatini çeker, uzanmasına ve yakalamasına teşvik eder, göz ve el koordinasyonunu geliştirir ve sebep-sonuç ilişkisini öğrenmeye başlamasını sağlar. Daha sonra çıngıraklar, müzikli oyunlarda, ritim enstrümanı olarak kullanılabilir.

Yumuşak Oyuncaklar (Peluş Oyuncaklar):

İyi seçilmiş bir yumuşak oyuncak, bebeğin tenine değdirildiğinde veya karın kısmı hafifçe gıdıklandığında, bebek uyarılmış olur. Yumuşacık bir oyuncak ayı; bebeğin yatağında kendini güvende hissetmesini sağlar ve ileride belki ilk sohbetlerini edeceği bir arkadaş olabilir. Konuşup, güvenebileceği bir oyun arkadaşı olduğu gibi; iletişim ve dil becerisinin gelişimi açısından da yararlı olabilir.

Faaliyet Merkezi:

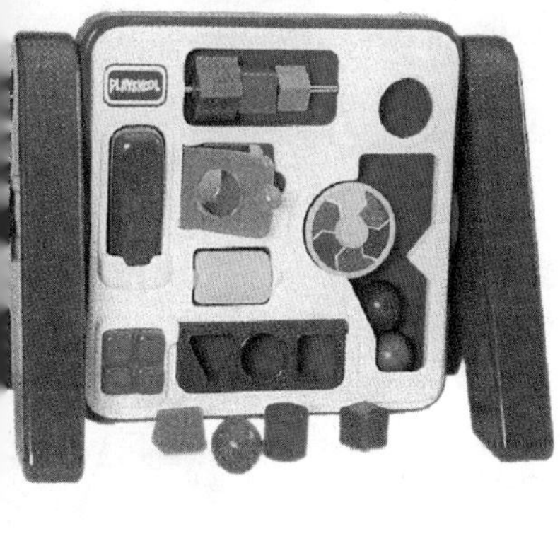

Faaliyet merkezi çocuğun dikkatini 6. ay dolaylarında çekmeye başlar ve bu ilgi 18. ay veya ilerisine kadar sürebilir. Birçoğu, üzerinde farklı el ve parmak hareketleri yaparak çalıştırabileceği çeşitli düğme ve tokmaklarla doludur. Çocuk bu düğmeleri çevirir, bastırır, iter ve çeker. Hepsiyle teker teker oynar ve alıştırmalar yapar.

Telefon:

6. aydan itibaren oyuncak telefon önem kazanır. Önceleri çocuk çevirmekten veya düğmelere basmaktan ve ahizeyi kaldırıp indirmekten hoşlanır. Ancak zaman içinde bu oyuncakla, konuşuyor ve dinliyormuş gibi yaparak oynar. Telefonla "sanki konuşuyor gibi" yapan çocuğun bu etkinliği, iletişim becerisinin gelişmesi açısından önemlidir. Ayrıca "evcilik" gibi diğer "gerçek yaşamı taklit" (sembolik) oyunlarında da telefon konuşmalarını kullanarak göndermeler yapabilir.

İç İçe Geçebilen Kaplar:

İç içe geçebilen kaplarla oynama, çocuğun birçok beceri geliştirmesini sağlar; onları birbirlerine vurabilir, iç içe koyabilir, kuleler yapabilir, bir vuruşta yıkabilir, altlarına bir şeyler koyup saklayabilir, renklerine göre ayırabilir, sembolik oyunlarda ya da kum ve su oyunlarında kullanabilir. Bu amaçla çocuğa oynayabileceği bir miktar plastik kap temin edin. Bazılarının, kum ve su oyunlarında kullanılabilmesi için ayrıca küçük/büyük delikli olmasına özen gösterin (süzgeç gibi).

Şekilli Kutular:

Şekil ayırıcı kutular; basit posta kutusu gibi tek delikliden başlayarak üzerinde farklı, karmaşık, küçük büyük boşluklar olan kutulara kadar birçok tipten oluşmaktadır. Basit olanları küçük bebekler için uygundur, ancak daha karmaşık olanları 2 yaş ve üstündeki çocuklar için bir tür test aracı olmaktadır. Bunlar; el becerisini geliştirme, obje-boşluk uydurma, ayırt edebilme yeteneklerini destekleme ve bunun yanında çocuğa "yok olan" objenin hâlâ varolduğunu anlatabilme açısından yararlıdır.

Çekmeli Oyuncaklar:

Çekmeli oyuncak öncelikle oturan bebek için faydalıdır. Bebeğiniz birkez yere ayağını sıkıca basıp, sabit şekilde durabildiği zaman; çekilebilir bir oyuncağı tek eliyle tutup, omzunun üstünden arkaya bakması, koordinasyon ve dengeyi geliştirme açısından oldukça faydalıdır. Dengeli, yeterli ses çıkaran, çekildikçe değişik şekilde hareket eden bir oyuncak, çocuğa büyük zevk verir. Ayrıca ipi tutma ve çekme sırasında parmakların çeşitli hareketler yapması da sağlanmış olur.

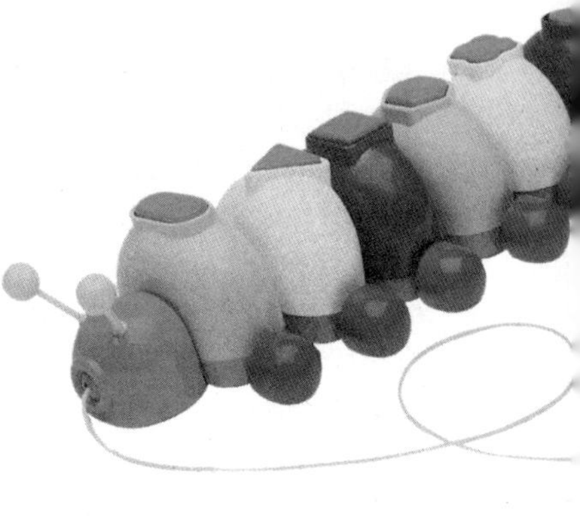

Toplar:

Emekleyen bir bebek topu kovalamaktan, o kaçtıkça arkasından gitmekten büyük zevk alır. Yeni yürümeye başlayan bebek ise onu yuvarlar ve yakalamaya çalışır. Daha büyük çocuk ise ayaklarıyla vurabileceği, atabileceği organize oyunlardan hoşlanır. Delikli, küçük plastik bir topu küçük bebek tek elinde tutabilir. Büyük, şişirilmiş plaj topu veya yumuşak bir top voleybol için, daha sağlam bir top ise tekme atmak için uygundur. Top oyunları ayrıca karşılıklı etkileşim, iletişim, sıra bekleme gibi sosyal becerileri geliştirmesi açısından da faydalıdır.

Müzik Oyuncakları:

Küçük çocuklar müziği ve müzikli oyuncakları çok severler. Bebek bir müzik kutusunu zevkle dinler ve büyük olasılıkla, biraz büyüyünce onu kendisi çalıştırır hale gelir. Ksilofon ve davul gibi çalgılar melodi ve ritim vermenin yanında vurmalı oyuncaklar olarak da kullanılabilir. Enstrümanlar dinleme ve taklit etme becerilerini geliştirir, çocuğu belleğini kullanmaya zorlar. Bunun yanında işbirliği ve sıra bekleme davranışlarını desteklemesi nedeniyle sosyal faaliyetler için de faydalıdır.

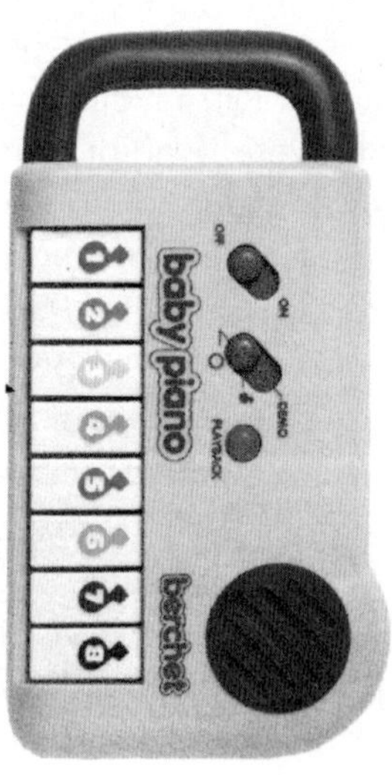

Kitaplar:

Her tür kitap çocuğun ilgisini çeker. Küçük yaştan itibaren, kucağınıza oturup, okuduğunuz kitabı sesinizden dinlediğinde kitaplarla arasındaki ilk ilişki kurulur. Tahta ve bez kitaplar başlangıç için uygundur. Daha sonra; cepli, açıldığında içinden karton kabartmalı resimler çıkan kitapları ve sonra karmaşık resimli kitapları okuyun. Bu, onun sözcük hazinesinin genişlemesi ve iletişimi öğrenmesi açısından faydalıdır. Öykülü kitaplar da belleği ve hayal gücünü geliştirmesi nedeniyle yararlıdır.

El Arabası ve Tahta Bloklar:

İtildiğinde giden bir el arabası, çocuğun yürümek için güven kazanması ve ileride başka yönlerden kullanılabilmesi açısından oldukça faydalıdır. Çocuk, oyuncak bebeğini arabasında gezdirmekten veya içinde oyuncaklarını taşımaktan büyük zevk alır. Ayrıca ileride, "sembolik" oyunlarında da aksesuar olarak kullanabilir. Sağlam ve üzerine konan ağırlıktan çökmeyecek nitelikte bir el arabası edinin. Tahta bloklar inşa edebileceği ilk oyuncaklar olduğu gibi ince el hareketleri ve el becerisini geliştirmesi açısından yararlıdır.

Oturup Sürebileceği Araba:

Çocuklar, içine binip ilerleyebilecekleri bir oyuncak araba ile çok hoşlandıkları hareket özgürlüğünü yaşarlar. Bu tip oyuncaklar 18 aylıktan 4 yaş veya üstü çocuklar için uygundur. Bunlar; denge ve kol-bacak-beden koordinasyonunu geliştirmenin yanında; nereye gidip ne yapmak istediğini planlamasına teşvik etmesi açısından da faydalıdır.

Çay Takımı:

Çay takımı "sembolik" oyunlar için ideal bir materyaldir. Bunun yanında çocuğun hayal gücünü, anlama, kavrama gücünü, dil kullanımını artırmasından dolayı da yararlıdır. Çaydanlık, çay bardakları ve altlık tabakları, süt sürahisi, şekerlik ve çay kaşıklarından oluşan basit ama güçlü bir set, oyun için idealdir. Çaydanlık ayrıca, banyoda su oyunları veya çiçek sulama için uygun bir su dökme aracıdır.

Oyuncak Bebek:

Erkek çocuklar da, kız çocuklar da; ister plastik, ister kumaş olsun; sağlam, basit ve kaliteli bir oyuncak bebekle oynamaktan hoşlanırlar. Canlı bebek boyutlarına yakın bir oyuncak bebeğe kendi kıyafetlerini giydirmek, özellikle kız çocuk için zevkli bir

deneyim olur. Bir oyuncak bebek, kendisiyle konuşulan, konuşma gelişimini destekleyen, sevgi-ilgi gösterilen, çocuğa duygularını dile getirme fırsatı veren ve "sembolik" oyunlarının merkezi olan çok yönlü bir oyuncaktır.

Yap-boz'lar:

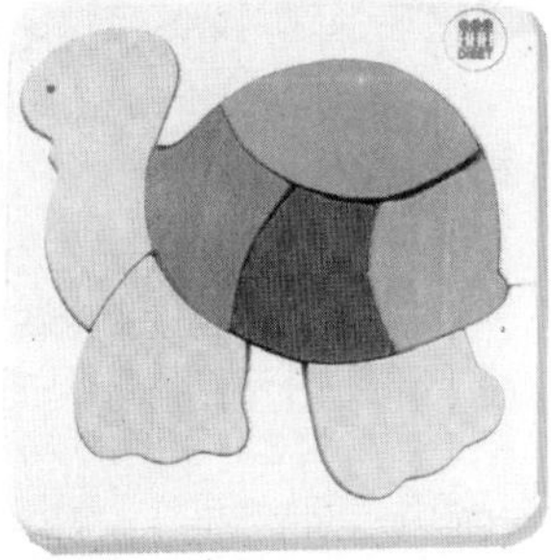

'Yap-boz'lar, çocuğunuzun görsel koordinasyonunu sağlamasına ve şekillerle desenleri tanımasına yardımcı olur. Problem çözme pratiği yaptırdığı gibi, beyinde planlamayı ve konsantrasyonu geliştirir. Başlangıç için; "şekil doldurabilme için boşluk olan tahtalar" gibi basit yap-boz'lar uygundur. Daha sonra küçük ve fazla sayıda parçalı karmaşık olanlarına geçilebilir. Çocuk, yaşı büyüdükçe ve becerisi arttıkça daha küçük parçalı ve yorucu yap-boz'larla uğraşabilir.

Şekillendirme Malzemeleri:

Oyun hamuru (plastilin), kil veya çamur çocuğunuza yaratıcı deneyimler yaşatması açısından önemlidir. O hamuru sıkarak üzerinde delikler açarak, vurarak ve öncelikle çeşitli şekiller oluşturarak; ellerini yeni ve farklı biçimde kullanabilmenin keyfini yaşar. Daha sonra kek, araba ve benzeri gibi çeşitli modeller oluşturur. Kesin şekiller çıkarabileceği alet veya kalıplar şüphesiz eğlencesine eğlence katacaktır. Bu sebeple materyalleri zenginleştirmeyi unutmayın.

Mum Boya, Kalem ve Tebeşirler:

Çizim yapma, öncelikle göz-el koordinasyonunu ve el becerisini geliştiren bir faaliyettir. İkinci olarak çocuğun yaratıcılığını sergilemesine olanak tanıyıp hayal gücünü geliştiren bir etkinliktir. Bunun için, çocuğun yaş ve yetenek düzeyine uygun boya ve kalem gibi materyellere ihtiyacı vardır. Kısa, yumuşak, zehirli madde içermeyen zararsız ve yıkanınca çıkabilen mum boyalarla; renkli kalem ve tebeşirlerle başlayın. Resim çizme, çocuğun ileride yazı yazmasına temel oluşturacak, onu, şekilleri taklit ederek çizmeye teşvik edecektir.

İnşa Oyuncakları:

İyi bir inşa oyuncağı sağlam, güçlü ve çocuğunuzun yaş ve becerisi ilerlediğinde yapabileceklerine uyumlu olabilecek kadar esnek ve çok yönlü olmalıdır. Bu tip oyuncaklarla çocuğunuz iki elini kullanma becerisi geliştirebileceği gibi, yaratıcılık ve problem çözme yetenekleri için de egzersiz yapmış olacaktır. İnşa oyuncakları kolayca bir araya getirilebilir olmalı ve ayırması güç olmamalıdır. Bunların bazılarının yanında küçük insanlar, çiftlik hayvanları gibi minyatürler olması da oyuna zevk katabilir.

Uygulamalı Oyuncaklar:

Alet takımı, dikiş seti ve gibi, günlük yaşamda kullanılan eşyaları kullandığınızı görmek çocuğu heyecanlandırır ve onda taklit etme isteği doğurur. Bu tip faaliyetler onun parmak ve el kullanımını, iki elin birlikte çalışabilmesini ve el-göz koordinasyonunu olumlu yönde etkiler. Ayrıca bu oyuncaklar konsantrasyonu geliştirerek, problem çözme ve çaba harcama için destekleyici olur.

Minyatür Oyuncaklar:

Birçok çocuk, "gerçek yaşamı taklit" ettikleri oyunlarında, minyatür insan vb. figürleri kullanmaktan çok hoşlanırlar. Bu figürler; oyuncak bebekleri, onların ev eşyalarını, çiftlik ve hayvanat bahçesindeki hayvanları, itfaiyecileri, kovboyları ve kızılderilileri, doktor ve hemşireleri ve bunun gibi pek çok karakteri kapsamaktadır. Ancak bu figürlerin –özellikle 3 yaş altı çocuklar için tehlike yaratabileceği düşünül-

düğünden – çok ince yapıda olanlarının tercih edilmemesi ve bu konuda büyük dikkat gösterilmesi önemlidir.

Oyuncakları Saklama:

- Oyuncakları uygun yerlerde saklamak, ortalıktan kaldırmak, evde olası kazaları % 50 oranında azaltmaktadır. Bu kazalar genellikle çocukların oyuncaklara takılıp düşmesinden kaynaklanmaktadır.
- Oyuncaklar genellikle; açık bir oyuncak kutusunda, sepetlerde veya sandıklarda saklanabilir.
- Bul-koy, yap-boz gibi oyuncakları kaldırdığınız yerde, parçalarının kaybolmamasına dikkat edin.
- Oyuncakları; çocuğunuzun rahatça alabileceği, oynamak istediğini seçebileceği ve geri koyabileceği şekilde düzenleyin.

Kaynakça

Bacanlı, Hasan. "Çocukta Göreli Kavramların Kazanılması." A.Ü. Eğitim Bilimleri Fakültesi, Yayınlanmamış Yüksek Lisans Tezi, 1984.

Başal, Handan Asude. "Okulöncesi Eğitimin Bazı Değişkenler Bakımından Etkisi." 1. Eğitim Bilimleri Kongresi'nde Sunulan Bildiri. (28-30 Nisan 1994 Balcalı, Adana). 12 sayfa.

Bee, Helen. *The Developing Child.* USA: Harper Collins College Publishers; 1992.

Bekman, Sevda. (Ed.). *Erken Çocukluk Eğitiminde Farklı Modeller.* Unicef, 1990.

Çelen, Nermin. "L.S. Vygotsky ve Çağdaş Gelişim Psikolojisi".

— "4-6 Yaş Çocuklarının Sayı ve Mekân Korunumu Kazanmasında Sembolik Oyunun İşlevi." A.Ü. Sosyal Bilimler Enstitüsü, Yayınlanmamış Doktora Tezi, 1992.

— "Zihinsel İşlev Gelişiminde Dilin Rolü."

Dökmen, Üstün. *Okuma Becerisi, İlgisi ve Alışkanlığı Üzerine Psiko-Sosyal Bir Araştırma.* İstanbul: Milli Eğitim Bakanlığı Yayınları, 1994.

Eisenberg, Arlene; Murkoff, E. Heidi; Hathaway, Sandee. *What to Expect the First Year.* UK: Simon and Schuster, 1996.

— S. *What to Expect the Toddles Years.* UK: Simon and Schuster, 1996.

Faber, Adele; Mazlish, Elanie. *Between Brothers and Sisters.* USA: Avon Books, 1991.

— *Siblings without Rivalry.* USA: Avon Books, 1987.

Flanagan, Cara. *Applying Psychology to Early Child Development:* UK: Hodder and Stoughton Ltd., 1996.

Gökçay, G. *99 Sayfada Bebek Beslenmesi.* Türkiye İş Bankası Kültür Yayınları, İstanbul.

Jolly, Hugh. *The First Five Years.* UK: Pagoda Books, 1987.

Jones, Maggie. *Play and Learn.* UK: Conran Octopus Ltd. 1989.

Oktay, Ayla. *Okul Olgunluğu.* İstanbul: İ.Ü. Edebiyat Fakültesi Yayınları, 1983.

Okulöncesi Eğitim Programları. T.C. Milli Eğitim Bakanlığı Okulöncesi Eğitimi Genel Müdürlüğü. İstanbul: M.E.B. Yayınlar, 1994.

Onur, Bekir. *Oyuncaklı Dünya.* Ankara: Verso Yayıncılık, 1992.

Özdoğan, Berka. *Çocuk ve Oyun.* Anı Yayıncılık, Ankara: 1997.
Öztürk, Orhan. *Psikanaliz ve Psikoterapi.* Ankara: Sevinç Matbaası, 1985.
Peker, Reşat. (çev.) "Gelişimde Oyunun Rolü."
Sağlam, Yüksel. "1-12 Ay Arası Normal Türk Çocuklarında Vokalizasyon Gelişimi." İ.Ü. Çocuk Sağlığı Enstitüsü, Yayınlanmamış Yüksek Lisans Tezi, 1988.
Samurçay, Neriman. *Okulöncesi Çocuklarında Grafik Faaliyetin Gelişimi.* Ankara: Ankara Üniversitesi Basımevi, 1975.
Sheridan, D. Mary. *From Birth To Five Years.* UK: Routledge, 1995.
Steiner, Deborah. *Understanding Your 6 Years Old.* UK: Rosendale Press, 1993.
— *Understanding Your 5 Years Old.* UK: Rosendale Press, 1993.
Stoppard, Miriam. *Test Your Child.* UK: Dorling Kindersley Book, 1995.
Şemin Uğurel, Refia. *Gençlik Psikolojisi.* İstanbul: Remzi Kitabevi, 1992.
Uluğ Ormanlıoğlu, Mücella. *Geniş Kapsamlı Başarı Testi "Wrat"ın Tanıtımı ve Disleksi Tanısındaki Yeri.* İstanbul: İ.Ü. Edebiyat Fakültesi Yayınları, 1985.
Yavuzer, Haluk. *Çocuk Psikolojisi.* 29. Basım, İstanbul: Remzi Kitabevi, 2006.
— *Resimleriyle Çocuk.* 12. Basım, İstanbul: Remzi Kitabevi, 2007.
— *Çocuk Eğitimi El Kitabı.* 21. Basım, İstanbul: Remzi Kitabevi, 2006.